Pistorius
Teddy wird 100

Christel und Rolf Pistorius

Teddy wird 100
Die schönsten und beliebtesten Teddybären

Weingarten

Die Deutsche Bibliothek – CIP-Einheitsaufnahme
Ein Titeldatensatz für diese Publikation ist bei
Der Deutschen Bibliothek erhältlich

© 2002 by Kunstverlag Weingarten GmbH, Weingarten
Satz: Riedmayer GmbH, Weingarten
Reproduktionen: Imago Publishing Ltd., Bright Arts Ltd., Hong Kong
Gesamtherstellung: Brepols, Turnhout
Printed in Belgium
ISBN 3-8170-1025-7

Inhalt

Teddy wird 100

Aus keinem Kinderzimmer ist er mehr weg zu denken – der Teddybär. Aber auch Erwachsene verknüpfen mit ihm Freundschaft, Vertrauen, Wärme, Gefühl und Berührung. Der Teddy ist ein kleiner verlässlicher Lebensbegleiter für Groß und Klein geworden, fast schon ein Kultobjekt. Er begleitet Menschen bis ins Erwachsenenalter und ist oft Seelentröster und bester Freund in einem. Im Jahr 2002 feiert der Plüschgeselle aus Mohair seinen 100. Geburtstag. Sein Siegeszug begann bei der Margarete Steiff GmbH in Giengen. Der Neffe der Firmengründerin Margarete Steiff, Richard Steiff, gilt als der Erfinder des Teddybären. Schon vor 1900 wurden in Giengen in der Filzspielwarenfabrik Braunbären, teilweise als Rollentiere zum Nachziehen, produziert. 1902 fertigte Richard Steiff den ersten Bär mit beweglichen Gliedern. Skizzen, die er während seiner Studienzeit in Stuttgart von Braunbären im Zoo angefertigt hatte, brachten ihn auf die Idee, weiche Spieltiere für Jungen zu entwickeln. Erstmals 1903 präsentierte Richard Steiff dann den ersten Bär auf der Leipziger Spielwarenmesse. Seitdem sind in der 100jährigen Teddygeschichte unzählige Nachfolgemodelle nicht nur von Steiff, sondern auch von hunderten anderer Plüschtierhersteller angefertigt worden und gingen in die ganze Welt. Noch heute ist der Teddybär nicht nur bei Kindern sehr beliebt, sondern auch ein begehrter Sammlerartikel für Erwachsene.

Warum aber fasziniert der Teddybär so sehr die Menschen? Was bestimmt den Charme eines alten Plüschgesellen überhaupt? Warum werden Teddybären gesammelt? Warum wurden im Laufe der letzten 20 Jahre immer höhere Summen für Teddys ausgegeben? Was bestimmt den Wert eines alten Teddys?

Wichtige Fragen, mit denen sich heute Sammler, Plüschantikhändler und Teddyliebhaber immer mehr beschäftigen. Als 1985 erstmals bei einer Auktion in London für einen Steiff-Teddy die für die damalige Zeit utopische Summe von 8.000 Mark ausgegeben wurde, war dies erst der Anfang einer Sammlerwelle, die heute immer noch viele Überraschungen beschert. Inzwischen gibt es Ranglisten der teuersten Teddys der Welt.

Der Superstar unter den Plüschtieren ist inzwischen zum teuren Sammlerobjekt geworden. Teddybären werden als Aktien bezeichnet, sie werden auf Spielzeugbörsen gehandelt und ihre Werte werden auf Auktionen hochgetrieben und manipuliert. Da fragt sich mancher Teddyfreund, ob es noch mit rechten Dingen zugeht, wenn für einen Plüschveteran, der 90 Jahre auf seinem alten Bärenbuckel hat, eine sechsstellige Summe gezahlt wird und dieser dann in einem Museum in Fernost seinen Lebensabend verbringt. Um 1910, als Teddybären millionenfach als Kinderspielzeug hergestellt wurden, waren sie keine Besonderheit. Dies hat sich im Laufe der Jahrzehnte gravierend geändert.

In diesem Buch werden alte Exemplare der unterschiedlichsten Plüschtierhersteller, mit Schwerpunkt Fabrikat Steiff, ausführlich dargestellt und beschrieben. Es sind Exemplare darunter, die bisher nie öffentlich gehandelt und abgebildet wurden. Auch Prototypen, die weltweit nur einmal oder in sehr wenigen Exemplaren bekannt sind, werden gezeigt. Wunderschöne Fotos mit Großaufnahmen markanter Identifikationsmerkmale, die ja wichtig für die Bestimmung von Alters- und Wertfindung sind, machen das Werk zu einem Fachbuch. Sehr informativ sind die zu jedem Teddyporträt angegebenen, aktuellen Sammlerwerte und Verkaufsbeträge. Erstmals werden sie von den Autoren in diesem Buch bekannt gegeben.

Die Fachexperten in Sachen Plüsch, Christel und Rolf Pistorius, haben schon mehrfach mit großem Einfühlungsvermögen in Büchern über Teddybären berichtet. Für sie ist der Teddy auch heute noch der individuelle und liebenswerte Plüschgreis geblieben, obwohl er inzwischen für horrende Summen gehandelt wird. Der Betrachter, der tief in die Knopfaugen der abgebildeten Teddybären schaut, erkennt sicher auch die Seele, die in ihm steckt. Der dem Teddy ganz eigene und individuelle Charme kommt immer wieder zum Ausdruck.

Vielleicht haben Sie, liebe Leser, von Ihren Eltern oder Großeltern einen Teddy geschenkt bekommen, den Sie sehr liebten und mit dem Sie viele Jahre durch dick und dünn gingen. Erinnern Sie sich noch an ihn? Das Teddygesicht möchten Sie wieder sehen, aber über das Fabrikat wissen Sie nichts mehr. Hatte er den bekannten Knopf im Ohr, wurde er von einer der weiteren nahmhaften deutschen Teddymanufakturen hergestellt oder ist er einer der unbekannten Teddys? Christel und Rolf Pistorius haben die seltensten, schönsten, unbekanntesten aber auch beliebtesten Teddybären recherchiert und fotografiert. Sie beschreiben sie ausführlich und haben sie in diesem Jubiläumsbuch zum 100. Geburtstag des Teddybären verewigt. Quelle ihres Wissens ist ihr wohl einmaliges Archiv, das über 20.000 Abbildungen und Beschreibungen alter Teddybären und Plüschtiere der unterschiedlichsten Hersteller aus aller Welt beherbergt. Sie haben großen Wert darauf gelegt, nicht nur die Teddybären zu zeigen, die bereits international durch Medien bekannt wurden. In diesem Buch sind auch die Teddybären und die Teddygesichter abgebildet und ausführlich beschrieben, die in jedem Menschen die Erinnerung an seinen eigenen Teddy wieder erwachen lassen. Vielleicht finden auch Sie Ihren fast vergessenen Teddy aus Kindertagen wieder.

Aber ist das für einen Teddyfan heute noch so wichtig? Es gibt kaum einen Menschen, Erwachsene eingeschlossen, der nicht sein Herz früher oder später an einen Teddy verliert. Wichtig ist, dass der Teddy, egal aus welchem Hause er stammt, bei seiner Anschaffung den Menschen auswählt und nicht umgekehrt. Denn dann steht einer lebenslangen Liebe in Plüsch nichts mehr im Wege.

*Steiff-Teddy, 60 cm, 1926, braun
gespitzter Mohair.
Dieser Teddytyp brachte auf einer
Auktion 85.000 €.*

Die Vielzahl der Plüschtier-Hersteller prägen das unterschiedliche Aussehen der Teddys

Der Teddy der 1950er Jahre unterscheidet sich in wesentlichen Dingen vom Teddy der Anfangsjahre um 1903. Nun kommt noch hinzu, dass es im Laufe der Jahrzehnte weltweit wohl tausende von unterschiedlichen Plüschtierherstellern gab. Fast jede Firma prägte mit ihren individuellen Teddyschnittmustern das Aussehen der Teddys. Es gab aber auch viele Hersteller, die Modelle anderer Fabrikate kopierten. Woran aber erkennt der Laie, aus welcher Bärenmanufaktur ein Teddy stammt und wie er zu bestimmen ist? Sich darüber in einem fünfminütigen Crashkurs umfangreiche Kenntnisse anzueignen, ist leider nicht möglich. Gibt es viele Eigenschaften, die einen Teddy vom andern unterscheiden? – fragt sich ein Sammler. Worauf sollte er achten, wenn kein Warenzeichen mehr am Teddy vorhanden ist oder gar nie eines angebracht war? Wer ein wenig sein Auge schult und unterschiedliches Aussehen der Teddygesichter und Körper erkennt und registriert, hat schon einige wichtige Schritte unternommen, dem Geheimnis eines vermeintlich unbekannten Teddys auf die Spur zu kommen. Uns sind viele unterschiedliche Produktionsmerkmale bekannt, die teilweise von einzelnen oder nur wenigen Plüschtierherstellern verwendet wurden. Wenn der Sammler sie kennt, reichen sie meistens für eine Bestimmung aus. Für eine sichere Bestimmung reicht ein einziges Merkmal nicht aus. Es zählt immer die Summe der einzelnen erkennbaren Merkmale.

Teddybären können nach Produktionsmerkmalen eingeschätzt werden

Es ist schwierig, die unterschiedlichsten Teddygesichter, die sich in 10 Jahrzehnten einem Wandel der Zeit unterzogen haben, nach Herstellerfirmen einzuordnen. Um den Sammler hierfür zu sensibilisieren, haben wir wesentliche Produktionsmerkmale von Teddybären tabellarisch zusammengestellt (siehe Seite 12).

Letztendlich ist es natürlich wichtig, dass sich der Sammler ausgiebig mit den unterschiedlichen Teddyfabrikaten auseinandersetzt. Dies kann auf Floh- oder Spielzeugmärkten, Auktionen oder in Museen sein, aber auch der Austausch mit anderen Sammlern ist wichtig, um dazuzulernen. Nicht zuletzt sei die Lektüre und häufige Durchsicht von Fachbüchern und Preisführern empfohlen.

Bekannte und unbekannte Teddy-bären der unterschiedlichsten Hersteller geben sich ein Stelldichein.

Hier einige Hinweise, worauf der Sammler achten sollte:

Produktions-details	Mögliche Ausführungen
Kopf	Form: rund, eckig, dreieckig, zu groß im Verhältnis zum Körper, beweglich oder starr
Augen	Schuhknopfaugen, Glas oder Kunststoff, Funkelaugen, schwarz, schwarz-weiß, braun-schwarz, hintermalt oder eingefärbt, Glasaugen mit Öse oder eingeklebte Glassteck-augen, Augen mit Filz hinterlegt, Augen mit Filz überzogen (Lider), Augen sehr nah beieinander liegend oder weit auseinander
Nasen-garnierung	Längs oder quer gestickt, aus Filz, braun oder schwarz, Form der Nasengarnierung, dickes Perlgarn oder dünner Faden, herzförmig, rechteckig oder quadratisch
Mund	Offen oder geschlossen, mit Perlgarn aufgestickt oder auf-gemalt, kurz oder lang, nach unten oder nach oben gebogen
Ohren	gerade oder stark gerundet aufgenäht, in den Kopf einge-näht oder eingezogen, groß oder klein im Verhältnis zum Kopf, Ohrinnenseiten aus anderem Plüsch wie Ohrrück-seiten
Schnauze	Eingesetzt oder aus dem Kopf herausgeformt, spitz oder flach, Himmelfahrtsnase, Schnauze aus anderem Plüsch wie der restliche Kopf, Plüsch im Nasenbereich abrasiert oder gleich lang wie am gesamten Kopf
Körperbau	Dick oder dünn, kastenförmig oder oval
Arme	Lang oder kurz, gerade oder gebogen, gescheibt, verdrahtet oder starr angenäht
Pfoten und Sohlen	Aus Filz, Leinen, Samt, Mohair oder ganz ohne, mit Pappein-lage oder ohne, Form länglich, oval, kurz oder lang, Farbe beige oder hellbraun
Beine und Füße	Lang oder kurz, gescheibt, verdrahtet oder starr angenäht, lange oder kurze Füße, hoher Fußrücken oder niedriger
Anzahl Krallen	3, 4, 5, 6 Stück, kurz oder lang, parallel verlaufend oder eher zentrisch, Verlauf bis zum Ansatz der Pfoten/Sohlen oder bis in diese hinein verlaufend
Stimme	Kippstimme, Quietschstimme, Musikwerk, Sprechwerk, ohne Stimme
Material	Mohair, Wollplüsch, Kunstseidenplüsch, Papierstoff, Web-plüsch, Farbe, gespitzt oder einfarbig, lang oder kurz
Stopfung	Weich oder hart, mit Holzwolle, Stroh, Seegras, Wollresten, Schaumstoffflocken, Kapok, Scherwolle
Handnaht am Körper	hinten am Rücken, am Bauch, an der Seite oder gar keine
Naht am oberen Ende der Arme/Beine	Maschinennaht oder Handnaht
Mechanik	Mit Uhrwerk zum Laufen, Tanzen, Purzeln oder Turnen, mit Halsmechanik, um den Kopf zu bewegen, ohne Mechanik

Von oben und von links nach rechts:
1. Reihe: *52 cm, 1946 (Kunstseidenplüsch, alle anderen Mohair);
63 cm, 1926; 50 cm, 1915*
2. Reihe: *50 cm, 1928; 75 cm, 1910;
50 cm, 1935*
3. Reihe: *41 cm, 1966; 52 cm, 1951*
4. Reihe: *43 cm, 1963; 45 cm, 1908*
Alle Teddys Fabrikat Steiff

Sammlerwerte von Teddybären

Zu den hier im Buch genannten Sammlerwerten ist folgendes anzu-
merken. Sie setzen sich zusammen aus der Summe unserer gemein-
samen 34-jährigen Sammlererfahrung. Die Werte sind aber auch ein
Abbild der Preise, die bei Auktionen, Spielzeugbörsen und Internet-
angeboten erzielt wurden. Sie beschränken sich auf die in den Fotos
abgebildeten Teddybären, deren Zustand, Ausführung und Alter. Für
schlechter erhaltene oder ähnlich aussehende Exemplare können
diese Werte nicht zugrunde gelegt werden. Da die Teddybärenpreise
stark in Bewegung sind, können sich kurzfristig Abweichungen zu
den angegebenen Werten ergeben.

13

ANKER PLÜSCHSPIELWARENFABRIK GMBH, MÜNCHEN-PASING

Verleugnen kann der hier gezeigte Bär von 1957 seine Vorfahren kaum. Er hat große Ähnlichkeit mit Hermann-Teddys (siehe Bernhard Hermann, Max Hermann). Die ersten Teddybären der Hermann-Familie entstanden im Stammhaus Johann Hermann. Die vier Nachkommen produzierten später unabhängig voneinander Teddybären und Plüschtiere. Der zweite Sohn Johanns, Artur, übernahm 1919 die Firma sei-

Seite 14:
Unbespielter Teddy der Firma Anker, aus gelb/braun gespitztem Kunstseidenplüsch, 40 cm, Mitte der 1950er Jahre, mit dem Original-Warenzeichen an der Brust. Sammlerwert: 250 – 300 €.

Auch im Profil hat dieser Anker-Teddy Ähnlichkeit mit Hermann-Teddys der 1950er/60er Jahre. Die Ausführung in Kunstseidenplüsch ist selten.

15

16

*Unbespielter Teddy von Anker, aus
silbermeliertem Mohairzottelplüsch,
35 cm, 1950/60er Jahre. Sammlerwert: 90–100 €.*

nes Vaters (siehe Johann Hermann). 1940 zieht er von Sonneberg nach München und produziert Teddybären unter J. Hermann Nachfolger. 1954 verkauft Artur Hermann sein Unternehmen an die „Anker Plüschspielwarenfabrik GmbH." Schnittmuster der klassischen Hermann-Teddybären werden von Anker übernommen. Anfangs zeigt das Anker-Warenzeichen einen Teddy mit einem Anker. 1957 ist es ein liegender Löwe mit Anker. Die Brustmarke zeigt das blau-silberne Firmenlogo. Die Rückseite trägt die Aufschrift: „Anker Plüschtiere aus München". Als Anfang der 1970er Jahre der Verkauf zurück ging, wird der gesamte Vertrieb an die Firma „Hegi" in Nürnberg und danach an Schuco übergeben. In München wird zwar noch bis 1976 produziert, als aber Schuco in Konkurs geht, wird die Produktion von Plüschtieren auch dort eingestellt.

Ein „Anker-Bär" mit Hermann-Vergangenheit

Im Verkaufskatalog 1957 ist der klassische Teddybär aus Mohair mit geschlossenem Mund und eingesetzter, kurzfloriger Schnauze abgebildet. Die leicht gebogenen Arme und die rotbraun eingefärbten Glasaugen mit schwarzer Pupille zeigen unter anderem Merkmale, die uns von klassischen Hermann-Bären bekannt sind. Der auf Seite 15 abgebildete Original Anker-Teddy ist fest mit Holzwolle gestopft und aus braunmeliertem Kunstseidenplüsch. Die Ohrinnenseiten und die eingesetzte Schnauze sind aus kurzflorigem, beigefarbenem Mohairplüsch. Die Ohren sind aufgarniert. Die Handnaht des Teddys ist auf dem Rücken. Aus schwarzem Garn ist die Nasengarnierung quer gestickt. Die Einstichstellen der Querfäden sind links und rechts durch einen Faden begrenzt. Der Teddy hat keine Krallen.

Ein Anker-Teddy mit Zotty Verwandtschaft

Der dem Steiff-Zotty nachempfundene Teddy aus silbermeliertem Mohairzottelplüsch (Abbildung S. 16) hat braun-schwarze eingefärbte Glasaugen. Der Mund ist offen, der Filz ist innen stark rot eingefärbt. Pfoten und Sohlen sind aus beigefarbenem Filz, die Stopfung ist weich. Dieser Teddy hat keine gestickten Krallen und im Gegensatz zum Steiff-Zotty keine helle Brust.

18

GEBRÜDER BING, BLECH- UND METALL-
SPIELWAREN, NÜRNBERG

Dieser Metallknopf mit der Aufschrift „DRPa. DIV. DRGM" wurde am Körper der Bing Plüschwaren befestigt, als Hinweis auf Patent- und Gebrauch-musterschutz.

Seite 18:
Freundlicher Bing-Teddy, brauner Kurzmohair, schwarze Schuhknopf-augen, Jahrgang 1909. „Was ist seine Besonderheit?"

Mit dem Namen Bing verbindet der Sammler von Plüschspielzeug nicht unbedingt Teddybären mit aufziehbarem Uhrwerk oder sonstiger Mechanik. Über Teddybären wußten die Brüder Adolf und Ignaz Bing um 1860 sicher nichts. Auch hätten sie sich nicht vorstellen können, dass rund 130 Jahre später Plüschtiersammler sehr hohe Summen für Teddybären der Marke Bing zahlen würden. 1863 gründeten die Brüder Bing in Nürnberg eine Firma zur Herstellung von Spielzeug- und Küchenutensilien. Später wurde eine eigene Fabrik für Blechspielzeug gebaut und um 1890 eine weitere Fabrik in Sachsen errichtet.

Um 1900 waren die Bing Werke neben Märklin eines der weltweit größten Unternehmen, das sich mit Metallwaren, vor allem mit Eisenbahnen, Schiffen, Laterna magica und mit dem Zubehör für Puppenküchen beschäftigte, auch Dampfmaschinen wurden hergestellt. Ende des 19. Jahrhunderts wurde sogar zusätzlich eine Spezialfabrik für Filzspielwaren gegründet. Im Verkaufsprogramm waren auch Spielzeuge aus Pelz, Filz und Samt. Als um 1907 der Teddy-Boom weltweit seinen Höhepunkt erreicht hatte, wurden auch bei Bing Plüschtiere in das Fertigungsprogramm aufgenommen. Bing kreierte eigene Bärenschnitte und stopfte die Bären mit Holzwolle aus.

Laut Firmenstatistik beschäftigte Bing um 1908 über 3000 Mitarbeiter und nannte sich „Größte Spielzeugfabrik der Welt". Es gab Alleinvertriebsfirmen in Großbritannien und den USA. Bing befestigte als Firmenkennzeichnung am rechten Ohr ihrer Plüschtiere einen Metallpfeil. Steiff protestierte gegen dieses Warenzeichen. Nun erhielten Bing-Bären an ihrer linken Körperseite einen Metallknopf, später wurde er dann unter dem rechten Arm angebracht (siehe Abbildung). Während des Ersten Weltkrieges wurde die Produktion eingeschränkt. Die Brüder verstanden sich nicht immer gut, es gab Differenzen zwischen Ignaz und Adolf. Ignaz Bing übernahm die Funktion als Vorsitzender der Firma Bing. Eine Distributionsfirma (Concentra) wurde 1917 organisiert, die die Bing Produkte unter verschiedenen Markennamen verkaufen sollte. Bis ca. 1919 wurde mit „G.B.N." (Gebr. Bing Nürnberg) und ab ca. 1920 mit „B.W." (Bing Werke) firmiert. 1918 starb Ignaz Bing. 1919 übernahm sein Sohn Stephan die Führung und Leitung der Bing Werke. Differenzen betrieblicher und persönlicher Art bewogen Stephan Bing dazu, 1927 den Kontakt zu seiner Familie abzubrechen. Durch politische Verfolgung und interne Probleme kam es 1932 zum Konkurs der Firma Bing. Die Abteilung zur Herstellung von Spielzeugschiffen wurde von der Firma Fleischmann übernommen.

Dem Erfindergeist der Designer bei Bing waren scheinbar kaum Grenzen gesetzt. So gab es schon um 1910 elektrisch betriebene Laufbären, einen marschierenden Bär, der sich mittels eines Stockes fortbewegte. Ein „Bär mit Kugel" war eine weitere Besonderheit. Er rollte

*„In Ketten gelegt? – oder ein Teddy
kurz vor dem Erhängen?"
„Nein, – ein turnender Bing-Teddy
an den Ringen", Gesamthöhe 33 cm.
Sammlerwert: 9.000 – 10.000 €.*

eine Kugel vor sich her und bewegte sich im Kreis. Ein Bär als Rollschuhläufer konnte vor- und rückwärts fahren oder auf einer Stelle rollen. Eine Besonderheit war auch ein Bär, der sein Baby auf einer Schubkarre fuhr. Ein Bär, der mit einer Kette und einem Nasenring ausgestattet war, trottete hinter dem Kind her, das ihn langsam führte. So genannte Lauftiere gab es im Bing Verkaufsprogramm in großen Mengen und Ausführungen. Bekannt sind auch die „Trippel-Trappel-Tiere", die bis in die 1920er Jahre hergestellt wurden. In allen mechanischen Filztieren waren laut Firmenbeschreibungen solide Uhrwerke mit langer Laufdauer eingebaut. Alte Teddybären der Firma Bing gehören zu den beliebtesten Plüschobjekten, die auf dem Sammlermarkt sehr gesucht sind und hohe Preise erzielen.

Ein früher Turner am Reck

Der hier abgebildete Teddy wird in Sammlerkreisen auch Überschlagteddy genannt (Abbildungen S. 18, 20). Seine Gesamthöhe beträgt 33 cm mit Trapez, an dem er bereits seit 1909 turnt. Er hat ein markantes Profil mit spitzer Schnauze, hat Schuhknopfaugen, eine schwarze quer gestickte Nase. An den Spitzen der Pfoten befinden sich Metallösen zum Einhängen in das Trapez. Somit ist der Teddy also nicht sein Leben lang zum Turnen verurteilt, sondern kann einfach von den Kettenenden heruntergenommen werden. Die Überschlagsmechanik ist voll funktionsfähig. Das Uhrwerk im Körperinnern wird durch Drehen des Armes aufgezogen. Die Arme sind sehr kräftig und dick mit Holzwolle gestopft, die ein Turner am Trapez natürlich benötigt. Sie sind auch sehr ebenmäßig geschnitten, dieses garantiert einen exakten Überschlag. Die Sohlen sind aus beigefarbenem Filz. Turnende Bären in gutem Zustand mit Original Trapez sind eine Sammlerrarität und sie werden sehr hoch gehandelt. Es gab speziell ein Reklame-Schaustück, einen elektrisch turnenden Bär an einem Trapez, der für Schwachstrom mit 4 Volt Spannung vorgesehen war. Der Bär hatte eine Sitzhöhe von 30 cm und war mit elektrisch beleuchteten Augen wirkungsvoll ausgestattet. Das Trapez hatte eine Höhe von 80 cm.

Der „Nein-Sager"

Ein Teddy, der mit seinen Kopfbewegungen ein „Nein" andeutet, ist nicht alltäglich. In einem Bing Verkaufskatalog von 1908 wird er wie folgt vorgestellt: „Neue Spezialität: Plüsch-Bären mit feinem Uhrwerk, Kopf hin und her bewegend (mehrere D.R.G.M. und D.R.-Patente angemeldet) (Abb. S. 22 – 24). Der Bär ist in vier Größen in der Sitzhöhe 22, 25, 28 und 35 cm lieferbar und zwar in den Farben weiß und gold-gelb. In dunkelbraun wird er nur in 22, 28 und 35 cm angeboten. Die damaligen Verkaufspreise klingen traumhaft: Mk. 3.90, 5.20, 6.60 und 9.80. Der hier abgebildete Teddy ist, was die Proportionen und das Aussehen betrifft, den Bing Teddybären ohne Mechanik und Uhr-

werk sehr ähnlich. Bedingt durch die Mechanik im Innern des Teddykörpers ist er allerdings schwerer. Die Handnaht ist vorne am Bauch. Die Original Nasen- und Mundgarnierung wurde mit schwarzem Perlgarn gestickt, ebenfalls die jeweils vier Krallen an Pfoten und Füßen. Die Füße sind lang, die Filzsohlen oval und schmal. Als Plüsch wurde für diesen Bär ein Kurzmohair in gelb verwendet, der inzwischen altersbedingt eher messingfarben wirkt.

Um den Kopf des Teddys beweglich zu machen, wird ein kleiner Schlüssel in das an der rechten Seite des Körpers befindliche Loch gesteckt und durch Drehen nach rechts wird der Aufziehmechanismus in Gang gesetzt. Ist der Teddy somit aufgezogen, wird der Schlüssel losgelassen und der Kopf bewegt sich selbständig im Wechsel und ruhigen Rhythmus nach rechts und nach links. Es ist erstaunlich, wie stabil der Mechanismus tätig ist. Wenn das Uhrwerk bis zum Anschlag stark angezogen wird, bewegt sich der Kopf sehr lange. Sicher ist mit diesem Teddy nicht viel gespielt worden, das ist an dem fast neuwertigen Zustand erkennbar. In Sammlerkreisen sind nur wenige Exemplare dieses Bing Bären mit Kopfmechanik bekannt. Sie zählen im funktionsfähigen Zustand zu den seltensten Teddybären.

Kleiner Bär mit Krampe im Ohr

Ein nur 17 cm kleiner Teddy mit großer Ausstrahlung (Abbildungen S. 25, 26) wurde um 1910 in den Bing Werken in Nürnberg produziert. Seinen bespielten Charme bekam er im Laufe der Jahrzehnte. Sein brauner, fast zimtfarbener Mohair ist licht und weist einige schüttere Stellen auf. Für die Nasengarnierung wurde schwarzes Stickgarn verwendet. Die Arme sind nicht gebogen, sondern lang und gerade. Sie sind ganz aus Plüsch gearbeitet, es gibt keine Pfoten aus Filz, wie das sonst bei den meisten Teddybären üblich ist. Nur die Sohlen sind mit beigefarbenem Filz bezogen, dies ist noch der Originalzustand. Der Teddy hat zwar keine flachen Stehfüßchen, er ist aber durch die feste Anscheibung der Beine durchaus in der Lage frei zu stehen. Pfoten und Füße haben keine gestickten Krallen. Eine Stimme ist auch nicht im Teddybauch vorhanden. Er wirkt insgesamt sehr schmal, die Handnaht ist vorne am Bauch. Im Schnauzenbereich wurde der Mohair kürzer geschnitten. Die Nase ist aus schwarzem Garn quer gestickt. Der Teddy hat schwarze Schuhknopfaugen. Ein Fachmann erkennt einen Bing-Teddy auch an seinen typischen Ohren. Sie sind seitlich aufgarniert, stark gebogen und haben eine trichterförmige Ohrmuschel. Auch die zwei sehr seitlich verlaufenden Kopfnähte sind markante Merkmale eines Teddys der Marke Bing.

Die Original schwarzen Schuhknopfaugen geben dem Bing-Teddy mit Kopfmechanik von 1909 einen markanten Gesichtsausdruck.

24

Dieser Teddy hat eine Metallkrampe, an der einmal das Markenzeichen der Firma Bing befestigt war. Ebenso ist an der linken Körperseite ein Metallknopf mit der Aufschrift „DRPa.DIV.DRGM" befestigt. Dies ist ein Hinweis auf Patent- und Gebrauchsmusterschutz. Aufgrund seiner kleinen Größe, sitzend misst er nur 13 cm, kann dieser Teddy durchaus als selten bezeichnet werden. Es sind viel mehr große Bing-Teddybären in Sammlungen anzutreffen als kleine. Der Fellverlust fällt hier nicht so sehr ins Gewicht. Dies macht der Teddy mit seinem markanten Gesichtsausdruck und dem Originalzustand wieder wett.

Klassisch schöner Körperbau eines Bing-Teddys, 17 cm groß, aus der Zeit um 1910. Sammlerwert: 800 – 900 €.

25

„Knopf am Arm"

Den Slogan „Knopf im Ohr" kennt fast jeder, der sich mit Teddybären beschäftigt. Aber mit dem Begriff „Knopf am oder unter dem Arm" können nur sehr wenige Sammler etwas anfangen. Wir stellen einen Teddy vor, der in der Zeit zwischen 1925 und 1930 in den Bing Werken produziert wurde. Er ist fast unbespielt, und seine Besonderheit ist das Original Warenzeichen, der Bing Knopf am rechten Arm. Der Aufdruck „Germany BW" steht für Bing Werke (Abbildungen S. 27, 28). Der Teddy ist aus goldgelbfarbenem Mohairplüsch, für die Nasengarnierung wurde schwarzes Stickgarn verwendet. Die Arme sind nicht gebogen, sondern lang und gerade, sie sind ganz aus Plüsch gearbei-

Sitzend ist der Bing-Teddy 13 cm klein. Die Arme sind sehr lang und gerade.

tet, es gibt keine Pfoten aus Filz. Nur die Sohlen sind mit beigefarbenem Filz bezogen. An Pfoten und Sohlen sind jeweils drei Krallen mit schwarzem Garn gestickt. Der Teddy wirkt insgesamt sehr schmal. Die Handnaht befindet sich vorne am Bauch. Im Schnauzenbereich wurde der Mohair kürzer geschnitten. Die Nase ist quer gestickt und ebenso wie der Mund aus schwarzem Garn. Fest im Kopf angebracht sind die braun-schwarz hintermalten Glasaugen, die Ohren sind seitlich, muschelförmig aufgarniert. Der vorhandene Knopf am rechten Arm, der Bestzustand und der markante Gesichtsausdruck tragen dazu bei, dass dieser Teddy durchaus als Sammlerrarität bezeichnet werden kann. Es gibt nur noch wenige Bing-Teddys mit einem Markenzeichen.

Bing-Teddy, 20 cm groß, goldgelber Mohair, lange, gerade Arme, 1920er Jahre. Sammlerwert: 3.200 – 3.600 €.

Die Körperform dieses Bing-Teddys ist sehr schlank. Gut sichtbar sind die hoch angescheibten Arme. Am rechten Arm außen ist die seltene Original Metallmarke mit den Buchstaben „BW" (Bing Werke) angebracht.

Seite 29:
Bing-Teddy, 65 cm, hellgelber Mohair, fest mit Holzwolle gestopft, Ende 1920er Jahre. Sammlerwert: 5.000 – 6.000 €.

Die Bing Riesen

Waren es Anfangs kleinere Bären, die die Gebrüder Bing produzierten, so wurden mit den Jahren die Bären größer (Abbildungen S. 29–31), bis zu 80 cm wurden sie gefertigt. Gerade für Laien ist es nicht immer einfach, große Steiff-Bären von großen Bing-Bären zu unterscheiden. Wenn der Teddyliebhaber bisher noch keine direkten Vergleichsmöglichkeiten zwischen zwei dieser Markenbären hatte und sie nie direkt nebeneinander sitzen sah, bzw. die Schnitte und Merkmale nicht direkt studieren konnte, kann er sie leicht verwechseln. Frühe Bing-Bären haben Schuhknopfaugen.

Seite 31:
In der Seitenansicht sind die langen, gebogenen Arme und der typisch nostalgische Bing-Kopf gut erkennbar. Die Sohlen und Pfoten sind aus Filz.

unten:
Ein flotter Rennfahrer mit riesengroßem Kopf und sehr seitlich aufgarnierten Ohren ist dieser 75 cm große Bing-Teddy aus der Zeit um 1925. Sammlerwert: 7.000 - 8.000 €.

Teddy im Rennwagen

Der Teddy im Rennwagen ist 75 cm groß. Der zitronengelbe Mohairplüsch ist für diese Größe relativ kurz. Der Teddy ist sehr fest mit Holzwolle gestopft und die Handnaht befindet sich vorne auf dem Bauch. Die Doppelton-Brummstimme brummt sehr tief beim Vor- und Zurückkippen des Teddys. Die Nase ist mit schwarzem Perlgarn längs gestickt. Die Pfoten und Sohlen sind aus beigefarbenem Filz, die jeweils vier gestickten Krallen sind relativ lang. Die Ohren sind aufgarniert, der Nasenbereich ausrasiert.

Teddy mit blauem Höschen (nicht Original)

Für diesen 65 cm großen Bing Teddy gelten sinngemäß die gleichen Fabrikationsmerkmale, wie für den „Rennfahrer“.

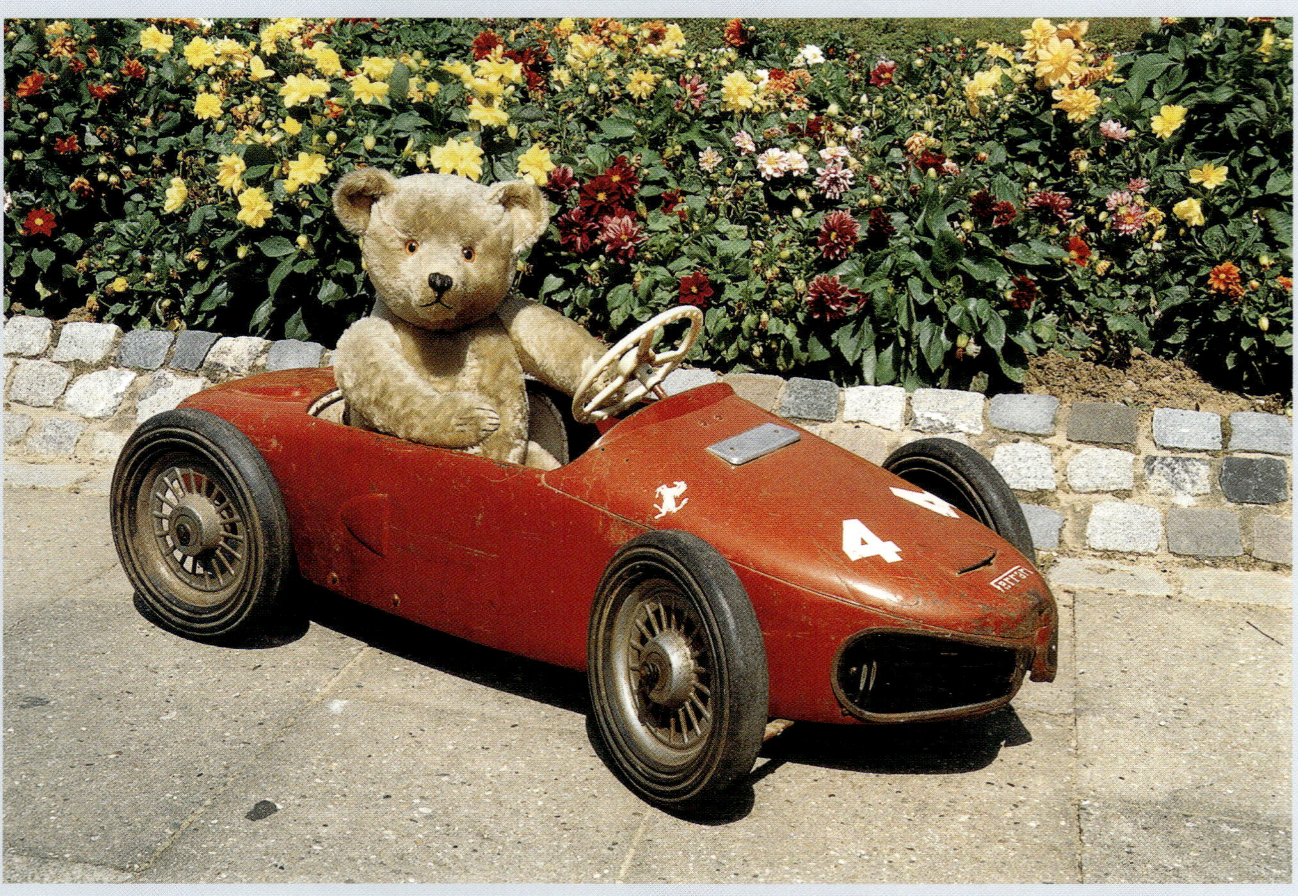

HANS CLEMENS, SPIELWARENFABRIK, KIRCHARDT/BADEN

Als der Kaufmann und Schuhfabrikant Hans Clemens, ansässig im Elsaß, 1947 aus der Kriegsgefangenschaft entlassen wurde, stand er vor dem Nichts. 1948 zog er mit seiner Familie nach Kirchardt/Baden und gründete in Mannheim ein kleines Einzelhandelsgeschäft. Als die Nachfrage der Kunden nach Spielzeug immer größer wurde, hatte Hans Clemens die Idee, aus alten Wehrmachtsdecken Teddybären

Teddy, Fabrikat Clemens, Kirchardt, Artikel-Nr. 3KMS, 35 cm, für das Versandhaus Schöpflin-Haagen 1952–1955 produziert. Sammlerwert: 140–160 €.

Seite 32:
Klassischer Clemens Teddy, 50 cm, um 1960. An einer blauen Kordel hängt das Warenzeichen, die drei-eckige, weiß/rote Metallmarke. Sammlerwert: 200–250 €.

33

Clemens-Teddy aus hellbraunem Wollplüsch mit eingesetzter gelber Schnauze. Er wurde für Schöpflin-Haagen speziell angefertigt. Sammlerwert: 130–140 €.

links:
Drei mit Faden aufgarnierte lange Krallen sind sehr typisch für Clemens-Bären.

mitte:
Typisch für Clemens-Bären ist die gestickte Dreiecksnase.

rechts:
Spezielle Kennzeichnung auf der Teddysohle mit dem Namen des Versandhauses.

anzufertigen. Sophie Clemens, die Schwester von Hans Clemens, machte sie in Handarbeit. Die Nachfrage nach diesen individuellen Einzelstücken war so groß, dass schon bald Mitarbeiter eingestellt werden mussten. 1952 erfolgte erstmals die Teilnahme an der Nürnberger Spielwarenmesse. Ein Jahr später trat Sohn Peter in die Firma ein. In den 1970er Jahren wurden auch Teddybären und Plüschtiere mit und ohne Musik, Sprachbären und Handspieltiere angeboten. 1983 zog sich Hans Clemens aus Altersgründen zurück. Sohn Peter führte die Geschäfte des Unternehmens erfolgreich weiter. Ein Kapitel deutscher Plüschtiergeschichte endete am 31. Dezember 2001 mit der Schließung der Firma. Die Kinder des Gründerehepaares erhalten die Rechte an der Marke Clemens.

Unterschiedliche Teddymodelle

Die verschiedensten Teddys aus Woll-, Kunstseiden- und Mohairplüsch wurden früher für das Versandhaus Schöpflin produziert. Darunter befand sich auch ein Teddy aus besonders hochwertigem braun gespitztem Mohairplüsch, der als spezielle Serie für Schöpflin 1952 entworfen worden war (Abbildung S. 33). Gefüllt wurde der Teddy mit Fichtenholzwolle. Die kräftige Brummstimme im Bauch des Teddys funktioniert noch heute nach 50 Jahren. Jeweils drei lang gestickte Krallen an Teddy-Pfoten und -Füßen waren schon immer typisch für Clemens-Produkte. Ein weiteres markantes Merkmal für

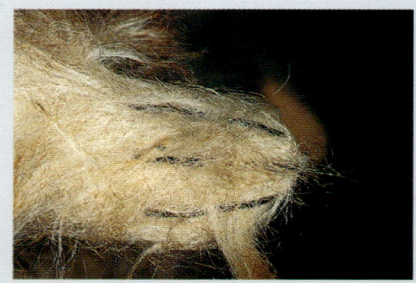

Dieser klassische Teddy-Schnitt der 1950/60er Jahre mit seinen entsprechenden Merkmalen führt manchmal zu Verwechslungen. Ohne sein Clemens-Markenzeichen wird er oft für einen Hermann-Teddy gehalten.

die Bestimmung von Clemens-Teddys ist die dreieckförmige quer gestickte Nasengarnierung. Sie wird links und rechts durch jeweils einen schräg nach unten verlaufenden langen Garnstich begrenzt (Abbildung S. 34). Werbeteddys für Industriefirmen wurden teilweise mit deren Firmenlogo gekennzeichnet. Beim 50 cm großen, caramelfarbenen Teddy, mit der dreieckigen weiß/roten Brustmarke (Abbildungen S. 32 und oben), handelt es sich um einen typischen Clemens-Bär der 1950er und 1960er Jahre, mit schöner Kopfform und sehr geraden Armen. Er hat braun-schwarze, eingefärbte Glasaugen, die Pfoten und Sohlen sind aus Filz. Heute sind nur noch sehr selten unbespielte Clemens-Teddybären mit dem Original Firmenzeichen, das an der Brust der Plüschtiere befestigt war, zu finden.

EDUARD CRÄMER (EDUCA), FABRIK FEINER PLÜSCHSPIELWAREN, SCHALKAU/THÜRINGEN

Der Gründer der Firma Crämer, Eduard Crämer, wurde 1858 in dem kleinen Ort Schalkau in Thüringen nahe der Spielzeugstadt Sonneberg geboren, sein Vater war Schneider. Eduard macht eine Schneiderlehre, geht danach nach Dresden und kommt mit einem Diplom, das er sich in einer Zuschneideschule erworben hat, zurück, 1885 heiratet Eduard. Seine Frau Anna stammt aus einer angesehenen Schalkauer

Teddy, Fabrikat Crämer, 45 cm, um 1920/30.
Die eingesetzte Gesichtsmaske ist aus kurzflorigem Mohair, die Augen sind aus braunem Glas mit schwarzer Pupille. Sammlerwert: 900 – 1.000 €.

Seite 37:
Wunderschöner, unbespielter Crämer-Teddy aus hellgelbem Langmohair, 60 cm, Mitte der 1920er Jahre. Sammlerwert: 3.000 – 3.500 €.

Crämer-Teddy aus hellgelbem seidig glänzendem Mohair, 60 cm groß, mit eingesetzter Gesichtsmaske aus kurzflorigem Mohair. Der offene Mund ist mit Filz bezogen. Sammlerwert: 5.000 – 6.000 €.

Spielwarenfabrik, die er von seinem Schwiegervater Paul Schwabacher übernimmt. Die Neugründung erfolgt 1896, die verbriefte Firmierung lautet von nun an: „Fabrik feiner Plüschspielwaren Eduard Crämer Schalkau i. Thüringen". Die eingetragene Schutzmarke zeigt einen Affenkopf und den Schriftzug „EDUCA". Die Schutzmarke verändert sich im Laufe der Jahre (Abbildung S. 40). Um 1900 tritt der Sohn Hermann in die Firma ein. Die kaufmännische Leitung des Betriebes übernimmt der Schwiegersohn von Eduard Crämer, Walter Macheleidt. Später kommt ein weiterer Schwiegersohn, Heinrich Lohr, als technischer Mitarbeiter in die Firma. Weitere Familienmitglieder und die Kinder von Eduard und Anna helfen tatkräftig im elterlichen Betrieb mit.

Als sich um 1907 die Welt dem Teddy-Rummel hingibt, erkennt Eduard Crämer seine große Chance. Die frühen Crämer-Bären haben etwas Urwüchsiges, nicht gerade Liebliches an sich, aber ihre Ausstrahlungskraft ist enorm. Sie zeichnen sich durch stark gebogene Arme, große Füße und eine spitze Schnauze aus. Plüschtiere und Teddybären von Eduard Crämer sind sehr gefragt, die Geschäfte gehen gut mit Lieferungen ins Ausland, meist nach England und USA.

Bedingt durch den Ersten Weltkrieg gehen die Aufträge zurück, doch Anfang der 1920er Jahre erfreuen sich die Plüschtiere der Firma Crämer wieder hoher Beliebtheit. Viele Entwürfe werden von Maria Schultheiß, einer Kunstgewerblerin aus München, gemacht. Als Designerin arbeitet sie bis in die 1930er Jahre bei Crämer in Schalkau, und prägt mit ihren Kreationen entscheidend und unverwechselbar den Charme der EDUCA Teddys und Tiere. In den 1950er/60er Jahren fertigt sie in München in ihrer eigenen Werkstätte wunderschöne Plüschtiere und Teddybären. Große Erfolge feiern in der Firma Crämer in den 1920er Jahren auch die neu hinzukommenden Teddy- und Tiermodelle, teilweise mit aufwendigen Mechanismen im Innern. Einem Modetrend der 1920er Jahre entsprechend werden auch in Schalkau farbige Plüsche in grasgrün, lila, orange, gelb und pink verarbeitet. Sie zählen zu den seltensten Crämer-Teddybären, da sie überwiegend nach

Übersee exportiert wurden. In Deutschland galten fast zu jeder Zeit farbige Bären als kitschig, da sie an die billigen Jahrmarktsbären erinnern. Es sind also keine großen Stückzahlen davon hergestellt worden. In den 1920er Jahren werden Bären gefertigt, die laufen oder tanzen können (Abbildung S. 41). Es gibt unter der Bezeichnung „Serie 82" einen Musikbär – Kopf nickend und Musik spielend und als „Serie 83" einen Laufbär, der läuft und brummt oder Musik spielt. Der Mechanismus im Bauch der Teddys wird mittels Schlüssel, der sich am Rücken des Bären befindet, aufgezogen.

1929 wird in einem Hauptkatalog ein Tanzbär in Wollplüsch in 25, 30, 36, 40 und 50 cm Größe angeboten. Als Sonderanfertigung kann der gleiche Bär ca. 1 Meter groß als Aufsehen erregendes Schaustück mit eingebautem Universalmotor geliefert werden.

In den 1930er Jahren werden neue Modelle in hochwertigsten Mohair-, Woll- und Seidenplüschen kreiert. Ende der 1930er Jahre sind große Teddybären bis 70 cm sehr gefragt. Ab 34 cm sind sie mit einer Brummstimme versehen. Teddybären mit langhaarigem Mohair-Plüsch mit Wildeffekt gibt es sogar von 30 bis 95 cm Größe. 1938 kostet der fast 1 Meter große Teddy 28,– RM. Die Augen der Crämer-Plüschtiere wurden eingenäht, gestopft wurde mit Holzwolle oder Kapok.

Einen letzten Hinweis auf den Namen Crämer finden wir in der Deutschen Spielwarenzeitung von 1938, worin Eduard Crämer zu seinem 80. Geburtstag gratuliert wird. 1945 stirbt Eduard Crämer im Alter von 87 Jahren. Der Zweite Weltkrieg und der Standort Schalkau in der sowjetisch besetzten Zone machen eine weitere Produktion in traditioneller Weise und in gewohnter Qualität unmöglich. Der Betrieb wird geschlossen, die Restproduktion geht in volkseigene Betriebe über. Die wunderschönen Plüschtiere und Teddybären gerieten für lange Zeit in Vergessenheit.

Hier werden die langen, gebogenen Arme mit den Filzpfoten gut sichtbar. Die Schnauzenpartie ist spitz. Der lang gelockte Mohair verleiht diesem Teddy seinen unverwechselbaren Charakter.

Maskenbär mit geschlossenem Mund

Ein besonders ausdrucksvoller Teddy aus der Crämer Produktion der 1920er/30er Jahre wird noch heute hin und wieder für einen Steiff „Dicky" gehalten. Der Körperbau ist schlank und ebenmäßig. Der Teddy ist aus einem kurzflorigem messingfarbenen Mohair gefertigt. Im Original trug er eine breite Seidenschleife um den Hals und die Original Pappmarke mit Aufschrift „Qualitäts-Marke EDUCA" mit rotem Faden an der Brust. Er hat eine eingesetzte aus kürzerem Mohair bestehende Gesichtsmaske in Herzform (Abbildung S. 36). Nase und Mund sind mit hellbraunem Faden Original gestickt und etwas bespielt. Der Teddy misst 45 cm. Die langen gebogenen Arme und die großen ovalen ebenmäßig geschnittenen Füße erinnern an die Form eines Steiff-Teddys.

Ein Seelenblick und ein Bärenlächeln

Riesengroß wirkt ein wunderschöner Crämer-Teddy, 60 cm groß (Abbildung S. 37). Seine Pfoten und Sohlen sind zwar nicht mehr Original mit Filz bezogen, aber sein lang gelockter blonder Mohair ist unbespielt. Er hat diesen typischen seelenvollen Blick der Crämer-Bären aus der Zeit Mitte der 1920er Jahre, er scheint zu lächeln. Dieser Ausdruck wird durch die beiden roten Mundfäden, die fast waage-recht unter der Nasengarnierung nach hinten gestickt wurden, erzielt. Die Nase ist mit hellbraunem Baumwollgarn gestickt.

Maskenbär mit offenem Mund

An einen lieblichen Baby-Bär erinnert ein Crämer-Teddy mit offenem Mund (Abbildungen S. 38,39). Die Innenseiten des Mundes sind aus Filz, der leicht in der Mitte der Unterlippe rosa gezeichnet ist. Der lustige Ausdruck wird durch den offenen Mund untermalt. Die etwas spitz vorstehende Unterlippe verstärkt den spitzbübischen Ausdruck des Teddys. Die Bezeichnung „Maskenbär" kennen wir von Steiffbären der 1960/70er Jahre. Sie trifft auch hier zu. Fast etwas clownähnlich sieht das Gesicht aus. Die Nase ist mit lachs-braunem Perlgarn längs garniert, die eingesetzte Mundpartie ist aus gelbem Kurzmohair ein-gearbeitet, ebenso die Ohrinnenseiten. Die Ohren sind mit starkem Faden außen am Kopf aufgarniert. Bei seiner imposanten Größe von 60 cm ist er eher ein Riesenbaby. Dem unbespielten, gelben Lang-mohair sieht man seine fast siebzig Jahre nicht an. Er glänzt seidig, ist lang gelockt und wurde von Motten nicht heimgesucht. Der Teddy-körper, die Beine und Arme sind locker mit Holzwolle gestopft, so dass er trotz seiner Größe nicht zu schwer ist. In der Profilabbildung (Abbildung S. 39) werden die langen gebogenen Arme mit den Filz-pfoten und die spitze Schnauze mit dem offen stehenden Mündchen gut sichtbar, auch hier wirkt er ansprechend und lieb. Pfoten und Sohlen sind aus Filz. Arme, Beine und der Kopf sind auf Scheiben ge-arbeitet und machen den Teddy voll beweglich. Im Innern des Bau-ches befindet sich eine Kippstimme. Oftmals sehen große Bären mit offenem Mund ernst und gefährlich aus. Dieser Teddy ist da ganz anders gestaltet. Er hat zwar einen großen Charakterkopf, doch seine braun-schwarzen Glasaugen schauen freundlich.

„EDUCA" – Firmenembleme der Firma Eduard Crämer, Schalkau/ Thüringen, 1920/30. Sie wurden mittels Metallklammer oder Faden an den Plüschtieren angebracht.

Clown-Bär aus verschiedenfarbigem Plüsch mit eingesetzter Gesichtsmaske. Es gab ihn laufend oder tanzend. (Aus Eduard Crämer-Katalog, Ende 1920er Jahre) Sammlerwert: 7.000–8.000 €.

Großer „Traumbär" mit kleiner Zunge

Es gibt kaum noch einen Crämer-Teddy mit dem Original EDUCA Firmenzeichen an der Brust (Abbildungen S. 42,43). Der hier abgebildete Teddy ist 70 cm groß, aus orangebraun gespitztem dichtem Mohair. Der Bär ist unbespielt und hat einen einmalig schönen Gesichtsausdruck. Auch er hat die für Crämer typische Gesichtsmaske aus kurz florigem Mohair. Sehr typisch ist auch der knopflochähnliche Stich als Mund- und Zungengarnierung, die dem Teddy einen lächelnden Ausdruck verleiht. Ist der Fadenstich doppelt angebracht, so wie hier bei diesem Teddy, dann scheint es, als ob der Teddy spitzbübisch lächelnd ein klein wenig die Zunge herausstreckt (Abbildung S. 42).

Der rosa Babybär

Aus den 1930er Jahren stammt der Crämer-Teddy in der Farbe „rosa" (Abbildung S. 44, 45). Er zählt zu den selteneren Crämer-Bären, nicht im Hinblick auf den Schnitt, sondern es ist die außergewöhnliche Farbe des Plüsches, die diesen alten Teddy interessant macht. Das Untermaterial, also der gewebte Unterstoff, ist zartrosafarben. Der Kunstseidenplüsch mit einem geringen Wollanteil ist ebenfalls rosa, allerdings haben jahrzehntelanges Spiel, das Herumsitzen auf einem Sofa und Staubablagerungen den Plüsch nachdunkeln lassen.
Wie viele Crämer-Teddybären weist auch dieser Bär das typische Merkmal, die herzförmig aussehende Schnauzenpartie auf. Der Mund ist

Seite 43:
Ein Traumbär von Crämer, 70 cm, ausrasierte Schnauzenpartie (Original), unbespielter Topzustand, mit anhängendem Markenzeichen an der Brust. Sammlerwert: 13.000 – 15.000 €.

rechts:
Zum Knuddeln zu schade. In diesem langgelockten, leicht orangebraun gespitzten, unbespielten Mohair ist dieser Crämer-Teddy eine große Rarität.

unten:
Die typische Mundpartie von Crämer: zartfarbene Nasengarnierung, längs gestickt und die gestickte Mundpartie (angedeutete kleine Zunge) in Originalausführung.

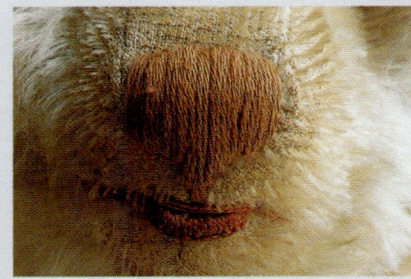

43

Ungewöhnlicher Crämer-Teddy, 30 cm, aus rosafarbenem (nachgedunkelt) Kunstseidenplüsch mit geringem Wollanteil. Sammlerwert: 800 – 900 €.

Eine birnenförmige Kopfform, die separat eingesetzte Gesichtsmaske und die Ohrinnenseiten sind aus Molton.

geschlossen, die Nasengarnierung ist noch mit dem Original mittelbraunen Baumwollfaden gestickt. Der ursprünglich quer verlaufende Mundfaden fehlt. Bewusst wurde er nicht restauriert, sondern in seinem bespielten Zustand belassen. Wohlproportioniert ist der gesamte Körperbau. Die Arme und Beine fügen sich harmonisch ein. Der Kopf ist birnenförmig im Profil zu sehen (siehe Abbildung). Die Ohren sind sehr egal seitlich am Kopf aufgarniert. Dieser Teddy ist fünffach gegliedert, Arme, Beine und Kopf sind mittels Pappscheiben und Splinte voll beweglich. Die eingesetzte, herzförmige Gesichtsmaske und die Ohreninnenseiten sind aus rosafarbenem Moltonstoff. Ursprünglich waren mit diesem Material auch die Pfoten und Sohlen bezogen. Sie wurden durch einen seidenripsähnlichen Stoff vor langer Zeit ergänzt. Die schönen, „sprechenden" Augen sind aus Glas und fest eingenäht, was auch der guten Verarbeitung der Crämer-Bären entspricht. In einem Katalog aus der Zeit Ende der 1930er Jahre bietet die Firma Crämer den Babybär mit der eingesetzten Gesichtsmaske in den fünf Größen 18, 21, 26, 30 und 34 cm an.

Es gibt nicht mehr viele Crämer-Teddybären auf dem Sammlermarkt zu kaufen. Bei bestimmten Teddytypen wundern sich die Sammler über die Ähnlichkeit zu Steiff-Produkten. Das ist erklärbar, denn Crämer-Teddybären wurden anfangs nach Steiff-Schnitten gefertigt.

Richard Diem, Spezialfabrik für gestopfte Spielwaren, Sonneberg/ Thüringen

Bis Ende der 1990er Jahre war über die Firma Diem sehr wenig bekannt. Durch die Grenzöffnung zur ehemaligen Deutschen Demokratischen Republik bestand erst die Möglichkeit, gezielt und ausführlich über Plüschtierhersteller im Osten Deutschlands zu recherchieren. Dennoch gibt es auch noch heute nur wenige Informationen, die die Firma Diem betreffen. Kleine Werbeanzeigen geben nur geringen Aufschluss über die Firma und ihre Aktivitäten. Gegründet wurde die Firma Diem 1896. Ob damals schon Spieltiere hergestellt wurden, bleibt im Dunkeln. Ein Werbeblatt Ende der 1930er Jahre zeigt große Rädertiere und kleinere Spieltiere aus dem Haus-, Hof- und Zoobereich. Auch einige Groteskfiguren sind darunter. Vom Schnitt her haben sie Ähnlichkeit mit den Plüschtieren der Firma Crämer (siehe Eduard Crämer, Schalkau/Thüringen). Geworben wird mit „Spezialfabrik für gestopfte Spielwaren seit 1896".

Erst Ende der 1990er Jahre taucht erstmals ein Teddybär auf, an dessen Brust an einer dünnen Schnur das runde Warenzeichen der Firma Diem hängt (Abbildungen S. 48, 49). Es ist aus gestanztem, beidseitig bedrucktem Papier gefertigt. Die Vorderseite trägt die Aufschrift: „Diem Stoffspielzeug – fröhliche und echt kindertümliche Tiergestalten – seit 1896". Auf der Rückseite steht: „Seit 1896 Richard Diem – Inh. Lise Lotte Diem – Stoffspielwarenfabrik Thür.". Sammler dieses Teddytypen, der erstmals 1997 mit der Original Diem Brustmarke aufgetaucht war, verstanden die Sammlerwelt nicht mehr. Viele Jahre lang war dieser Teddytyp überall als Bär der Firma Schuco, Nürnberg verkauft worden. Er hatte ja auch zum Verwechseln ähnlich einige Merkmale von Schuco-Bären, so zum Beispiel die flachen Stehfüße und die Kopfform. Nun stand grün auf braun fest, er war es nicht, denn er konnte durch das Bekanntwerden dieses Bären mit dem Original Firmenanhänger von Diem eindeutig zugeordnet werden. Charakteristisch für Diem-Teddys sind: Pfoten und Sohlen aus Kurzmohair mit 3 Krallen; häufig mit Pappscheiben in den Sohlen garantiert Standfestigkeit; die braun-schwarzen, hintermalten Glasaugen sind sehr hellbraun im Vergleich zu Teddyaugen anderer Hersteller; die Arme sind sehr kurz.

Ein alter Schuco-Bär war in Sammlerkreisen bisher immer viel mehr wert als ein unbekannter Diem-Bär. Die Sammlerpreise für diese vermeintlichen Schuco-Teddys, die keine waren, purzelten deshalb nach unten. Inzwischen sind Diem-Teddybären sehr beliebt und begehrt. Sie zeichnen sich durch einen sehr hochwertigen Plüsch und eine gute Verarbeitung aus. Durch ihre liebenswerte Ausstrahlung haben sie inzwischen viele Sammlerherzen erobert.

Die großen Füße mit flachen Sohlen geben diesem Teddy ein gutes Stand-vermögen.

Seite 49:
Teddy, 38 cm, hellbeiger Mohair, Sohlen und Pfoten sind aus hellbrau-nem kurzflorigem Mohair. Er hat noch das sehr seltene Original-Waren-zeichen an der Brust, Fabrikat Diem. Sammlerwert: 1.200 – 1.500 €.

Richard Haueisen (RIHAG), Woll-spielwarenfabrik, Gehren/Thüringen Richard Haueisen, Plüschspielwaren-fabrik, Seelbach/Schwarzwald

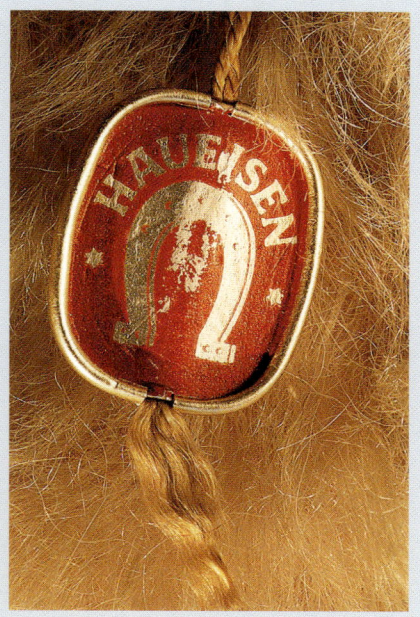

Original Firmenmarke der Firma Haueisen.

Richard Haueisen gründet 1904 eine Spielwarenfabrik in Gehren/Thüringen. Um 1920 wurden weich gestopfte Spieltiere aus Plüsch, Flanell und Filz produziert. Sohn Hermann trat 1930 in die Firma ein. Da Anfang der 1950er Jahre die Plüschlieferungen nach Ostdeutschland und umgekehrt die Lieferungen der hergestellten Plüschtiere in den Westen immer schwieriger wurden, gründete Hermann Haueisen 1952 in Seelbach bei Lahr einen Zweigbetrieb. Der Betrieb in Gehren wurde 1954 geschlossen. Das Warenzeichen der 1960er Jahre war ein plombenartiger Metallanhänger. Die Vorderseite zeigt ein Hufeisen mit dem Schriftzug „HAUEISEN" in gold auf rot. Auf der Rückseite ist „Made in Western Germany" eingeprägt.

In den 1960er Jahren gab es einen schönen, weich gestopften Teddy mit einem offenen roten Filzmund (siehe Abbildung). Sein langfloriger Mohairplüsch ist beigefarben, im Bauch befindet sich eine Quietschstimme. Die Augen sind aus braun-schwarz eingefärbtem Glas. Der Kopf und die Glieder des Teddys sind voll beweglich. Die Nase ist mit einem dunkelbraunen Baumwollfaden quer gestickt. Die Ohrinnenseiten und die Schnauze sind aus beigefarbenem Kurzmohair, Pfoten und Sohlen aus beigefarbenem Filz, an den Pfoten und Füßen sind jeweils 3 Krallen gestickt. Es sind nur ganz wenige Teddys mit dem Haueisen-Siegel bekannt.

Seite 50:
Teddy 35 cm, Mohairplüsch, 1960er Jahre. Sammlerwert: 160 – 200 €.

BERNHARD HERMANN (BEHA), PUPPEN UND SPIELWARENFABRIK, SONNEBERG/ THÜRINGEN
TEDDY HERMANN GMBH, HIRSCHAID

Die Geschichte der TEDDY-Plüschspielwarenfabrik Gebr. Hermann KG beginnt im Jahre 1907. Unter Mithilfe seiner Familie stellte Johann Hermann (1854–1920) in einer kleinen Werkstatt in Neufang bei Sonneberg/Thüringen Holzspielzeug und einfache geschnitzte Kinderspielgeigen aus Holz her (siehe auch Hermann Coburg und Hermann München). 1911 machte sich sein ältester Sohn Bernhard, nachdem er einige Jahre im väterlichen Betrieb gearbeitet hatte, selbständig. 1912 heiratete Bernhard Hermann Ida Jäger. In Sonneberg gründeten sie eine kleine Fabrik und begannen mit der Produktion von Teddybären und Puppen. Nach seinen Initialen nannte er die Firma „BE HA" (Bernhard Hermann). Bernhard hatte vier Söhne, Hellmut, Artur, Werner und Horst, die ihren Vater bei der Herstellung und beim Vertrieb unterstützten. 1948–1953 verlegte Bernhard Hermann gemeinsam mit seinen Söhnen sein Unternehmen von Sonneberg nach Hirschaid bei Bamberg. Als Bernhard Hermann 1959 starb, hinterließ er seinen Söhnen ein erfolgreiches Unternehmen. Hellmut war zuständig für die Produktion, Versand und Export, Werner für das Design und die Fertigung und Artur übernahm die kaufmännische Leitung. Eine Umstrukturierung des Betriebes erfolgte Mitte der 1980er Jahre. Die Tochter von Werner Hermann, Marion Mehling, ist für den kaufmännischen Bereich zuständig. Die Töchter von Artur Hermann: Margit Drolshagen übernimmt den Bereich Vertrieb und Marketing und Traudel Mischner die Entwürfe und das Design.

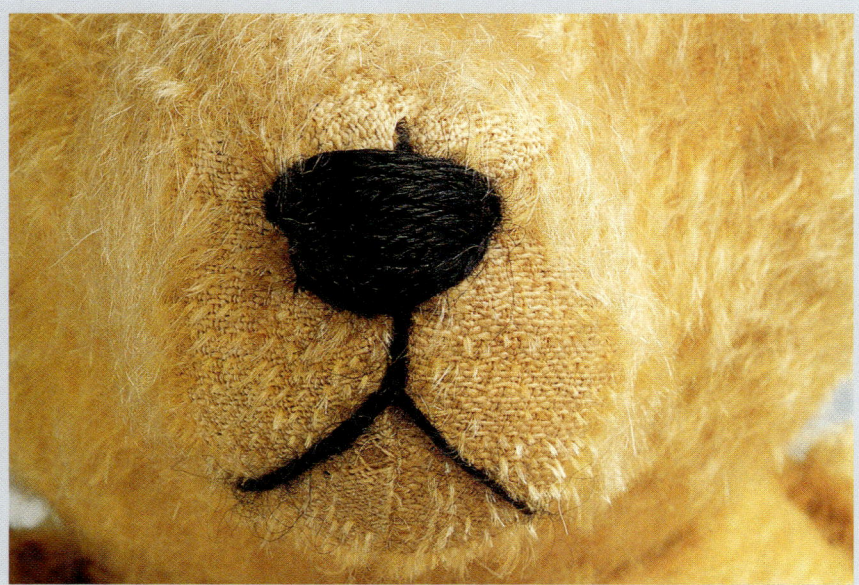

Typische Nasengarnierung der BEHA- und Hermann-Teddys mit kurzem, senkrechten Nasenfaden in der Mitte und quergestickter Nase.

Seite 52:
Gelber Kurzmohair-Teddy aus der Produktion Bernhard Hermann, Sonneberg, (BEHA) 60 cm groß, 1930er Jahre. Die Arme sind lang, schmal und gebogen. Das rechte Ohr ist noch Original muschelförmig aufgarniert, das linke Ohr ist etwas nach hinten versetzt und müsste dem Original entsprechend ausgerichtet und neu aufgenäht werden. Sammlerwert: 800 – 1.000 €.

Teddy, 50 cm, Mohair, 1930er Jahre, kurze Arme, kleine, runde Fußsohlen, pummeliger Körperbau. Vorkriegsmodell der Serie 61, Typ Sonneberg aus der BEHA-Produktion. Sammlerwert: 300 – 400 €.

Ein Original BEHA-Teddy um 1930 stellt sich vor

Nur selten taucht ein sehr großer Teddy des Plüschtierherstellers Bernhard Hermann aus der Sonneberger Zeit auf. Der Kauf eines großen Teddys war in den 1930er Jahren nicht alltäglich. In dieser Zeit gab es in einer sogenannten „900er-Serie" Teddybären aus kurzhaarigem und langhaarigem Seidenplüsch von 40 cm bis 100 cm in den Farben goldgelb oder bunt. Sie hatten tiefe Brummstimmen, Kopf, Arme und Beine wurden auf Scheiben gearbeitet und waren

somit voll beweglich. Ein 100 cm großer Plüschbär kostete damals 17,30 Mark. Da entschieden sich die Eltern eher für eine mittlere Größe Teddy von 30 bis 40 cm als Geschenk für ihre Kinder. Der hier vorgestellte Teddy ist 60 cm groß und fest mit Holzwolle gestopft (Abbildung S. 52). Er ist schon von seiner Größe her selten. Der Kurzmohair ist nicht sehr dicht, dadurch sind der gesamte Schnitt und die Form des Teddys gut erkennbar. Die Arme sind stark gebogen, auch die Beine sind auf den ovalen Körper abgestimmt. Sein Aussehen wurde so belassen, wie er im Laufe der Jahre bespielt wurde. Das rechte Ohr befand sich im Originalzustand angenäht (aufgarniert). Das linke Ohr war wohl außen am Kopf einmal abgerissen und nicht wieder sachgemäß angebracht worden. Als historische Originalüberlieferung darf die Nasengarnierung bezeichnet werden (Abbildung S. 53). Sie wurde mit einem gedrehten schwarzen Wollfaden gestickt. Das besondere Merkmal eines Bernhard Hermann-Teddys: die quer gestickte Nase, bei der alle Fäden durch ein Loch links und ein Loch rechts laufen. Die Nasengarnierung ist nicht sehr groß. Der senkrecht nach unten verlaufende Nasenfaden ist nur ca. 5 mm lang und die zwei Mundfäden ca. je 20 mm lang. Die Enden zeigen leicht gebogen nach oben, was den ernsten Gesichtsausdruck des Teddys etwas mildert. Die alten Original Glasaugen sind aus rotbraun eingefärbtem Glas und haben eine große schwarze Pupille. Das verleiht dem Teddy einen sehr lebendig sprechenden Ausdruck. Die Augen haben an ihrer Hinterseite Ösen aus Draht, woran jeweils starke Schnüre befestigt wurden, die durch den Kopf eingezogen und am Hinterkopf verknotet wurden. An den Pfoten und Füßen befinden sich jeweils 5 gestickte Krallen. Üblich waren bei Hermann-Teddybären der kleinen und mittleren Größen eher jeweils 3 Krallen. Die letzte Naht, mit der der Teddy von Hand zugenäht wurde, befindet sich auf dem Rücken. Da sehr wenige Teddybären aus der Fertigung von Bernhard Hermann erhalten sind, gilt dieses schöne ausdrucksstarke Exemplar als Seltenheit.

56

BEHA-Teddy – Modell Sonneberg

Ebenfalls aus der BEHA-Produktion der 1930er Jahre ist ein Vorkriegsmodell des Teddys der Serie 61 bekannt. Er wird auch als „Sonneberg-
Modell" bezeichnet (Abbildungen S. 54, 55). Er ist 50 cm groß, aus
goldgelbem Kurzmohair und sein Körper wirkt pummelig. Der Kopf
ist oval, seine Arme sind kurz und er hat kleine runde Fußsohlen. Die
Ohren sind groß und etwas weiter hinten und seitlich am Kopf angebracht. Die Schnauzenpartie ist separat aus gelbem Kurzmohair gearbeitet. Seine Verwandtschaft mit dem Nachkriegsmodell der Serie 61
aus caramelfarbenem Kurzmohair ist unverkennbar (Abbildungen
oben, S. 58). Diese Urform des bekannten, typischen Hermann-Teddys
mit eingesetzter Schnauze wird unverändert über Jahrzehnte hinweg
produziert. Selbst als im Jahr 1953 endgültig die Produktionsstätte
von Sonneberg nach Hirschaid verlegt wurde, geht dieser Teddy heimlich mit über die Grenze zwischen Ost und West und wird weiter in
seiner beliebten und bekannten Form gefertigt.

*Ein verliebtes Hermann Teddy-Pärchen,
45 cm, Serie 61, aus caramelfarbenem
Kurzmohair mit eingesetzter Schnauzenpartie. 1950er Jahre. Sammlerwert:
je 250 – 300 €.*

Seite 56:
*Hermann-Teddy, 50 cm, Serie 70, aus
braun-gespitztem Mohair mit Original
Halsschleife aus Seidentaft und Mar-
kenzeichen (Gütesiegel) an der Brust.
Schnauzenpartie und Ohrinnenseiten
sind aus hellem Kurzmohair. 1950er
Jahre. Sammlerwert: 180 – 200 €.*

Hermann Teddy Original, Serie 61

Das Nachkriegsmodell des bekanntesten Hermann Teddys (Typ Sonneberg) wird unter der Bezeichnung „61er-Serie" ab Anfang der 1950er
Jahre gefertigt. Dieser Typ verkörpert den klassischen Teddy von Her-

Der beliebteste und meistgekaufte Hermann-Teddy der 1950/60er Jahre aus caramelfarbenem Mohair mit eingesetzter Schnauze, Serie 61, Typ Sonneberg. Der Körper, die Arme und Beine sind wohlproportioniert. Ein Charakterteddy seiner Zeit.

Seite 59:
Teddy, Artikel-Nr. 62/50, 50 cm, Mohair mit Holzwolle gestopft, 1960er Jahre.
An der Brust ist mit einem gelben Faden das geprägte grün-silberne Markenzeichen „Hermann Teddy Original" angebracht. Sammlerwert: 200–250 €.

mann. Er ist aus caramelfarbenem Mohair gefertigt, fest mit Holzwolle gestopft und hat die typische eingesetzte Schnauzenpartie aus gleichfarbigem Kurzplüsch (Abbildungen oben und S. 57). Die Nase ist mit schwarzem Wollfaden quer gestickt. Übermäßig lang sind die Arme nicht, jedoch stark gebogen. An Pfoten und Füßen sind jeweils 3 Krallen mit schwarzem Wollfaden gestickt. Die Ohren sind aufgarniert, nicht eingenäht und nicht ausgestopft. In sieben Größen gibt es diesen Teddytyp in den 1950er Jahren von 25 cm bis 60 cm, er kostet zwischen DM 3,40 bis DM 10,45. Kleinere Bären haben eine Druck-/Quietschstimme, größere eine Brummstimme. In den 1960er Jahren kommen noch die Farben weiß, mode und gold hinzu.

Hermann Teddy Original, Serie 62

Der jüngere Teddybruder des 61er-Teddys ist der 62er-Typ aus Mohair (Abbildung S. 59). Er ist wegen seines nostalgischen Aussehens beliebt. Die eingesetzte Schnauze ist nicht aus Kurzplüsch, sondern der Mohairplüsch ist im Schnauzenbereich gleichlang wie am Körper. Diese Ausführung gibt es auch unter der Bezeichnung „Miniatur-Teddybären" schon Mitte der 1950er Jahre in 14, 17, 20 und 25 cm in den Farben caramel, mais und in weiß. Ende der 1950er Jahre sind Teddybären ohne eingesetzte Schnauze so gefragt, dass sie in vier weiteren Größen, in 30, 35, 40 und 50 cm, in der Farbe altgold, aus dichtem langflorigem Mohairplüsch, mit Brummstimme, produziert

Jungbär, Serie 85 von Hermann, 42 cm, caramel-silber-gespitzter Mohair, Wollfüllung ab 1957. Sammlerwert: 90 – 110 €.

werden. In 40 und 50 cm sind sie heute als Sammlerbären schwer zu bekommen. Die Nase ist nicht wie bei der 61er Serie quer gestickt, sondern längs. Bei weißen und maisfarbenen Bären wurde ein hell- oder dunkelbrauner Faden verwendet, bei caramelfarbenen ein schwarzer Faden. Der Hermann-Teddy der Serie 62 wird sehr leicht mit dem Original Teddy der Fa. Steiff verwechselt. Die wesentlichen Unterschiede sind:

Produktionsmerkmal	Teddy Original Hermann Hirschaid Serie 62-Teddy	Steiff Original Teddy
Anzahl Krallen	3	4
Braun-schwarze Glas- oder Kunststoffaugen	eingefärbt	hintermalt
Handnaht am Körper	hinten am Rücken	vorne am Bauch
Naht am oberen Ende der Arme/Beine	Maschinennaht	Handnaht

Hermann Teddy Original, Serie 70

Sehr beliebt waren schon immer Teddybären aus besonders dichtem braun-gespitztem Mohair, die unter der Seriennummer „70" in den 1950er- und 1960er Jahren gefertigt wurden (Abbildung S. 56). Die Schnauzenpartie und die Ohrinnenseiten sind aus hellem Kurzmohair. Der abgebildete Teddy befindet sich in einem unbespielten Zustand. Ein 28 cm großer Teddy mit diesem Aussehen wurde 1958 mit einem Schweizer Musikwerk ausgestattet. Solange das aufgezogene Musikwerk spielte, bewegte der Teddy seinen Kopf hin und her. Mit dem gleichen Mechanismus gab es nur von 1959 bis 1962 einen 28 cm großen Jungbär mit offenem Filzmund. Teddys mit Musikwerk und/oder Mechanismus sind selten.

Hermann Jungbären, Serie 85

Zottelbären, Zottys, Jungbären, etc, waren ein „muss" für jeden Plüschtierhersteller.
Die Firma Hermann bezeichnete ihre knuddeligen, weichen Teddys mit offenem Filzmund, aus caramel-silber-gespitztem Mohair-Zottelplüsch, mit Wollfüllung, mit der Serien-Nummer 85 – Jungbär (siehe Abbildung). Sie wurden in 18 und 28 cm ab 1955 und in 35 und 42 cm ab 1957 hergestellt. Es ist gut, dass zusätzlich zu den vielen neuen Teddymodellen immer noch die alten Original Schnitte für die nostalgisch anmutenden Hermann-Teddys der heutigen Zeit genutzt werden. Nach ihnen werden teilweise die traditionellen Hermann-Bären gefertigt. Im Vergleich zum Steiff-Zotty wirkt der Hermann Hirschaid-Jungbär dicklicher, er hat kein helles Brustlätzchen. Die braunschwarzen Augen sind eingefärbt, nicht hintermalt.

Max Hermann (MAHESO) Plüschspielwaren-Fabrik, Sonneberg/Thüringen Hermann Spielwaren GmbH, Plüschspielwaren, Coburg-Cortendorf

Seite 62:
Teddy, Fabrikat Max Hermann, Sonneberg (MAHESO), sitzend 40 cm, stehend 70 cm, weißer Mohairplüsch, Serie 115/70, 1920er Jahre. Sammlerwert: 1.500 – 2.00 €.

Auch die Firmengeschichte von Max Hermann beginnt um 1900 in Sonneberg/Thüringen.

Sein Vater, Johann Hermann, war 1854 geboren, er lebte um 1895 mit seiner Frau Rosalie in dem kleinen Bergdorf Neufang in der Nähe Sonnebergs (siehe Bernhard Hermann). Als um 1907 der große Teddy-Boom in den USA ausbrach, sahen die Sonneberger Spielzeugmacher ihre große Zukunft in der Herstellung von Bären und Plüschtieren. Auch im Hause Johann Hermann wurden Pläne gemacht, Teddybären für Kinder in der ganzen Welt herzustellen und zu verkaufen. 1913 beginnen die Geschwister Artur, Adelheid und Max mit der Fertigung der ersten Hermann-Teddys. Als Artur in den Krieg einberufen wird, fertigen Max und Adelheid weiter von Hand Teddybären und Plüschtiere. Über das Aussehen der ersten Teddybären existieren keine Unterlagen. Die ersten Abbildungen und Mohairplüschmuster sind in einem Katalog von Max Hermann aus den 1920er Jahren zu sehen. 1920 gründet Max Hermann seine eigene Plüschspielwaren-Fabrik in Neufang. Sein Warenzeichen ist ab den 1930er Jahren ein Teddy, dem ein Hund an der Leine voraneilt. Dieses Logo ist noch heute nahezu unverändert im Warenzeichen der Firma Hermann, Coburg. Die Fabrikmarke „MAHESO", steht für den Namen: „Max Hermann und Sohn". Max Hermann verlegte den Firmensitz Mitte der 1920er Jahre nach Sonneberg. Rolf-Gerhard Hermann, der Sohn von Max und Hilde Hermann, trat 1947 in den väterlichen Betrieb ein. 1949 wurde in Coburg die Firma Hermann & Co. KG. gegründet und von Sonneberg aus verwaltet. Als Folge der politischen Verhältnisse beschloss die Familie Max Hermann nach Coburg zu gehen. Heimlich wurde die Flucht geplant, die dann im Februar 1953 über Berlin nach Coburg führte. Max Hermann ließ alles zurück, was er sich in vielen Jahren aufgebaut hatte. Im Fluchtgepäck war sein Wissen über die Herstellung von Teddybären. 1955 starb Max Hermann, Sohn Rolf-Gerhard führte die Firma weiter, er starb 1995. Seitdem leiten seine Tochter Dr. Ursula Hermann und Sohn Martin Hermann die Firma. Die Firmierung lautet: Hermann-Spielwaren GmbH.

Früher wie heute werden hochwertige Mohairplüsche für die Fertigung der Hermann-Plüschtiere und -Teddys verwendet. Der historische Hermann-Teddy ist fünffach gegliedert, auf Scheiben gearbeitet und mit Holzwolle gestopft. Die beliebtesten Farben waren Goldtöne. Es ist bekannt, dass jede neue Mitarbeiterin, die in die Firma eintrat, erst einmal einen Lehrgang im Schleifenbinden mitmachte. Die großen Halsschleifen in unterschiedlichsten Farben waren auch ein markantes Markenzeichen.

rechts:
Im Profil ist der flache Hinterkopf erkennbar und die stark nach oben gebogenen Tatzen.

Seite 65:
„Nicky", von Max Hermann, 28 cm, aus goldgelbem Kunstseidenplüsch. Er führt Nick- oder Schüttelbewegungen aus. Die Seidenhalskrause ist Original. Sammlerwert: 900 – 1.000 €.

unten:
Ein schönes Teddygesicht, der Nasenbereich ist ausrasiert (Original). Die Kopfform ist breit.

MAHESO Teddy Serie 115/70

Er ist ein Traum von einem weißen Teddy in 70 cm Größe (Abbildungen S. 62, 64). Aus langem Mohair ist er gefertigt und fest mit Holzwolle gestopft. Der Schnauzenbereich ist ausrasiert (Original), die Kopfform ist sehr breit und flach und die Ohren sind aufgarniert. Die quer gestickte Nase, der Mund und die Krallen (4 an den Pfoten, 5 an den Füßen) sind aus hellbraunem gedrehtem Garn. Die Handnaht ist auf dem Rücken. Die Augen sind hintermalt. In der Preisliste von 1932 wird die Serie 115 wie folgt beschrieben: „Teddybären aus Zottelplüsch, sämtlich mit Brummstimme, Arme und Beine auf Scheiben. Auf Wunsch können diese Teddys auch in braun oder farbig gespitzt geliefert werden." Dieses Exemplar ist ein ungewöhnlich schöner und seltener Charakterteddy aus der Zeit Ende der 1920er Jahre.

„Old Max", 80 cm großer MAHESO-Teddy aus braun-gespitztem Mohair mit eingesetzter Schnauze aus hellem Kurzmohair, Jahrgang 1950. Sammlerwert: 900 – 1.000 €.

Nicky der Schüttelbär Serie 60/8

Dieser Teddy hat eine Halsmechanik, die über das Schwänzchen bewegt werden kann. Seine Augen sind aus bernsteinfarbenem eingefärbtem Glas mit dunkler Pupille. 1950 wurde er als Geschmacksmuster in Sonneberg angemeldet (Abbildung S. 65). Die Nase ist eingesetzt, die Ohren aufgarniert. Er hat drei gestickte schwarze Krallen. Die Pfoten und Sohlen sind aus Filz. Er wurde bis 1954 hergestellt.

Old Max

Old Max ist ein 80 cm großer Teddy aus braun gespitztem Mohairplüsch aus der Sonneberger MAHESO-Zeit um 1950 (Abbildung S. 66). Die Ohrinnenseiten und die eingesetzte Schnauze sind aus beigefarbenem Kurzmohair. Die Nasengarnierung ist schwarz, sehr groß und die seitlichen Fäden sind sehr weit heruntergezogen. Der Teddy hat drei Krallen. Die Pfoten und Sohlen sind aus Filz. Der Teddy brummt mit einer kräftigen und tiefen Doppeltonkippstimme. „Old Max" hat an der Brust noch das Warenzeichen (Abbildung S. 66 oben).

Bespielter Hermann Teddy, 45 cm, Serie 73, mit rotbraunen Glasaugen mit schwarzer Pupille, sehr fest mit Holzwolle gestopft. Dieser Typ wird oft auch mit dem ähnlichen Teddytyp von Hermann Hirschaid und Firma Clemens verwechselt. Sammlerwert: 100–140 €.

Die für MAHESO-Teddybären typische Nasen- und Mundgarnierung: quer gestickte Nase, senkrechter längerer Faden in der Mitte der Nase, der die zwei Mundfäden verbindet. Relativ kurze Mundfäden verleihen dem Teddy einen freundlichen Gesichtsausdruck.

MAHESO Teddy Serie 73/3 und 73/10

Ab Anfang der 1950er Jahre fertigt die Firma Hermann einen sehr schönen Teddybär aus langzotteligem meliertem Mohairplüsch (Abbildung S. 69) mit stark gebogenen Armen. Die Kosten für diesen Plüsch waren höher als für einfarbige und kurze Plüsche (Abbildungen S. 67, 68). Teddybären mit meliertem langem Mohair wurden nicht so oft gekauft wie Bären mit gelbem oder caramelfarbenem Plüsch. Der Kopf ist drehbar, die Arme und Beine sind voll beweglich auf Scheiben gearbeitet. Seine Augen sind braun eingefärbt und haben eine schwarze Pupille. Im Bauch befindet sich eine Kippstimme. Pfoten und Sohlen sind aus beigefarbenem Filz. Es sind jeweils 3 Krallen

Die Seitenansicht des Hermann-Teddys aus der Serie 73, mit stark gebogenen Pfoten und kleinen runden Fußsohlen. Die Sohlen sind ersetzt.

mit schwarzem Garn aufgarniert. Die Nasengarnierung ist ebenfalls schwarz und quer gestickt. Die Nasenpartie selbst ist spitz und aus kurzflorigem beigefarbenem Mohair eingesetzt. Die Ohren sind nicht aufgarniert (aufgenäht), sondern fest im Kopf eingenäht, was ihn im Spiel natürlich besonders widerstandsfähig macht. Die Arme sind stark gebogen. In den Verkaufskatalogen der Firma Hermann & Co. der 1950er/1960er Jahre werden eine Vielzahl der unterschiedlichsten Teddyvarianten mit der Artikel-Nr. Serie 73 angeboten. Es sind bis zu 8 Größen in 5 unterschiedlichen Plüschvarianten und diese wiederum in vielen Farben im Angebot. Die Artikel-Nr. 73/10/40 z.B. bezeichnet den Teddybär: „mit langzotteligem Mohairplüsch, meliert, Kopf drehbar, Arme und Beine auf Scheiben, 40 cm".

Hermann Coburg Teddy, 40 cm, Serie 73/10/40, im Originalzustand unbespielt aus dunkelbraun gespitztem Mohair. Im Schnauzenbereich wurde beigefarbener Kurzmohair separat eingesetzt. Sammlerwert: 160 – 180 €.

Johann Hermann, Spielwarenfabrik, Sonneberg/Thüringen
J. Hermann Nachf. GmbH, Plüschspielwaren und Export, München

Artur Hermann übernimmt nach dem Tod seines Vaters Johann Hermann 1919 in Neufang den väterlichen Betrieb (siehe Max Hermann und Bernhard Hermann). Das Warenzeichen ist ein aufrecht gehender Bär, der einen Laufbären auf vier Füßen mit einem Affen auf dem Rücken hinter sich herzieht. 1940 zieht Artur Hermann nach München und produziert weiterhin Teddybären. Es folgt ein Warenzeichen „Hermann Spielzeug" und um 1953 das Warenzeichen „Rex". 1954 wird das Unternehmen an die Firma Anker in München verkauft (siehe Anker). 1989 stirbt Artur im Alter von 94 Jahren in einem Altersheim in München Hohenbrunn.

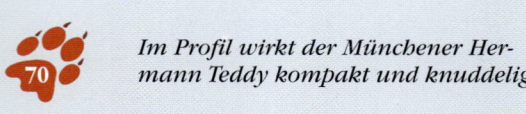

Im Profil wirkt der Münchener Hermann Teddy kompakt und knuddelig.

Teddy „Rollyzottel"

„Rollyzottel", Serie 19, ist ein großer Teddy in 50, 60, 70 und 85 cm aus hochwertigem, rotbraun gespitztem Mohairplüsch. Er wird Anfang der 1950er Jahre von Artur Hermann gefertigt. Die sehr lange, eingesetzte Schnauze und die Ohrinnenseiten sind aus hellem Kurzplüsch. Pfoten und Sohlen sind aus beigefarbenem Filz. Im Profil sind die kurzen Arme und die runden, relativ kleinen Füße gut sichtbar. Das weiße Firmenetikett „Hermann Plüschtiere München" ist in der linken Schulternaht sichtbar eingenäht. Große, unbespielte Teddybären aus der Produktion Hermann München, mit Original Firmenemblem, sind selten.

Helle Stoff-Fahne mit grün gesticktem Schriftzug, das Warenzeichen der Firma Hermann München.

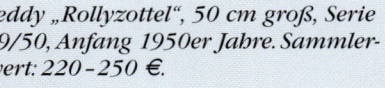

Teddy „Rollyzottel", 50 cm groß, Serie 19/50, Anfang 1950er Jahre. Sammlerwert: 220–250 €.

Heunec Plüschspielwarenfabrik GmbH & Co. KG, Neustadt bei Coburg

Otto Eichhorn, ein Mitarbeiter des Spielwarenexportgeschäftes Hugo Heubach in Sonneberg, gründete im benachbarten Neustadt bei Coburg 1947 eine Nachfolgefirma von Hugo Heubach mit dem Firmennamen „Heunec". Später wird noch ein Zweigbetrieb in der Schweiz eröffnet. Teilproduktionen von Teddybären und Plüschtieren erfolgen auch auf Mauritius. Verschiedene Arten von Teddybären, auch batteriebetriebene, die sprechen und singen können, werden produziert. Mit verschiedenen kleinen Schallplatten werden sie geliefert. Wird der Teddy nach vorne bewegt, singt er Kinderlieder und erzählt Geschichten.

Der große Kopf und der schmale Körper werden im Profil gut sichtbar. Am Rücken ist der kleine Drehring erkennbar, mit dem die Spieluhr aufgezogen wird.

Ein Heunec-Teddy macht Musik

Ein 40 cm großer Teddy, aus goldgelbem Mohair, mit Musikwerk, wurde Ende der 1960er Jahre gefertigt. Ein Drehring auf dem Rücken ließ die Melodie „Guten Abend – gute Nacht" erklingen. Der Teddy ist fünffach gegliedert, er hat braun-schwarze eingefärbte Kunststoffaugen und die Ohren sind fest in den Kopf eingenäht. Die kleinen Pfoten und Sohlen sind mit beigefarbenem Filz bezogen. Die Nase besteht aus einem aufgeklebten schwarzen Filzstückchen, die Mundfäden wurden mit Garn gestickt. Der Teddy hat keine Krallen. Die Original grüne Halsschleife ist noch vorhanden und das Heunec Warenzeichen, die große Brustmarke aus gold/rot geprägtem Papier.

Bei diesem Heunec-Teddy ist die Nase aus Filz, die Mundfäden aus Perlgarn.

Teddy, 40 cm, mit Musikwerk, goldgelber Mohair, Fabrikat Heunec, Ende 1960er Jahre. Großes doppelseitiges Warenzeichen aus geprägtem Papier, gold/rot. Sammlerwert: 400 – 500 €.

Er trägt seine Schlittschuhe lieber um den Hals als an den Füßchen, damit die seltene kleine Metallplatte an seinem linken Fuß sichtbar bleibt. Es ist das Warenzeichen der Firma Kersa. Sammlerwert: 200 - 240 €.

Kersa Spielwarenwerkstätte, Lobositz/ Böhmen
W. Walter KG, Mindelheim/Schwaben

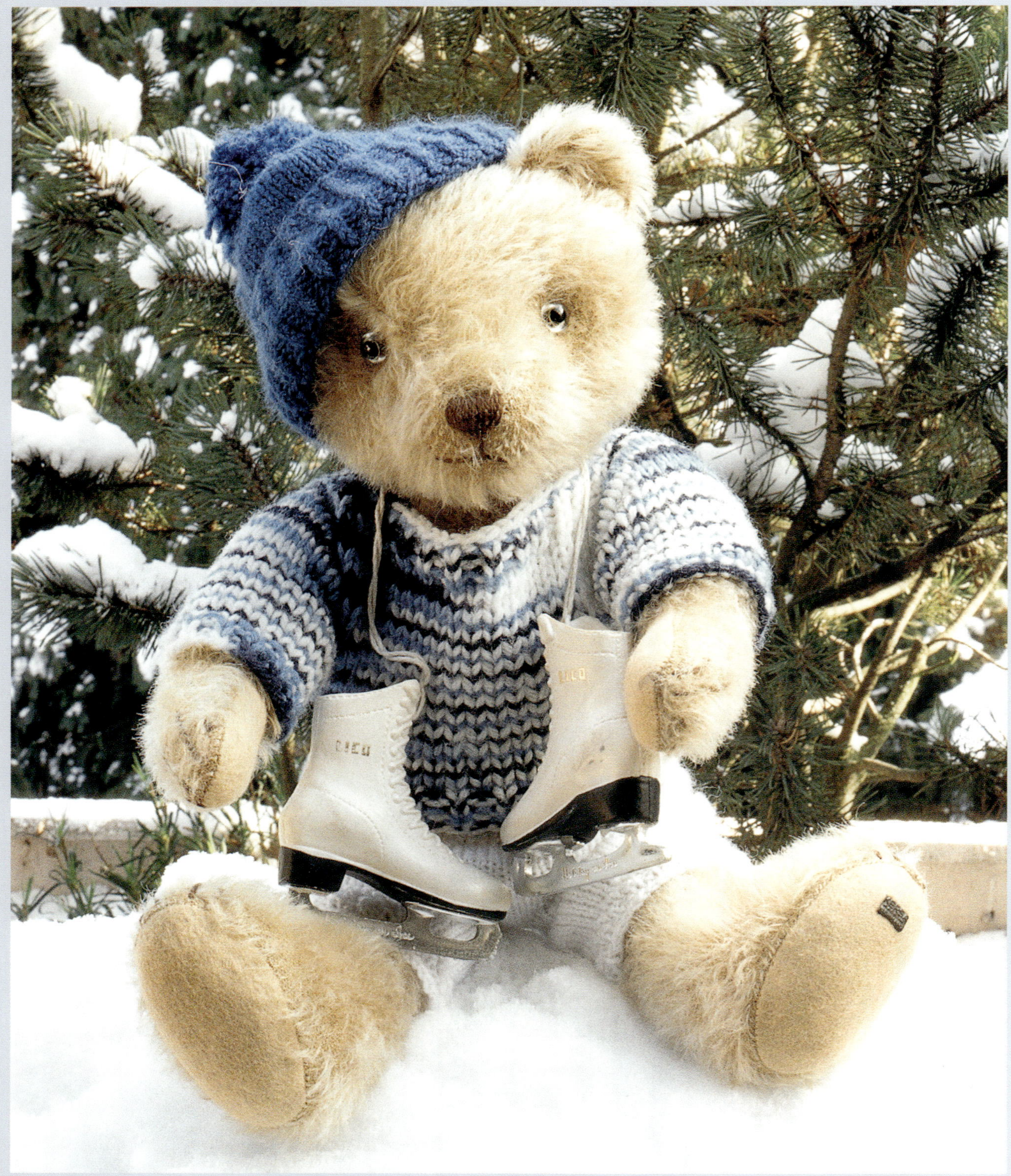

In der Zeit zwischen 1925 und 1948 fertigte Frau Wilhelmine Walter in Lobositz (damals Böhmen) Teddybären und Plüschtiere. Der Schwerpunkt waren Zwerge und Figuren aus Filz, Bärenmodelle gab es wenige. Das Markenzeichen „Kersa" wird 1933 eingeführt, eine Metallplatte mit dem Schriftzug „Kersa Made in Cechoslovakia" bis 1955 und „Kersa Made in Germany" ab 1956. In diesem Jahr zog die Familie Walter nach Mindelheim und fertigte ihr Plüschtierprogramm weiter.

Kersa-Teddybär mit Metallplatte in der Fusssohle

Ein schöner, 40 cm großer Teddy, Ende der 1950er Jahre, mit Holzwolle gestopft und 5-fach gegliedert, seine Glasaugen sind braun-schwarz hintermalt, die Farbe ist abgeblättert. Die Nase hat eine längs gestickte braune Garnierung. Mit gleichem Garn sind auch die jeweils 4 langen Krallen gestickt. Die Ohren sind aufgenäht, die Handnaht verläuft vorne am Bauch. Die Teddyarme sind kaum gebogen und dick. Pfoten und Sohlen sind aus beigefarbenem Filz. Wer diesen Teddykopf ohne den Körper nur von vorne sieht, könnte ihn leicht mit einem Steiff Original-Teddy verwechseln.

Die Nasengarnierung des Kersa-Teddys. Sie ähnelt sehr den Teddynasen anderer Teddyhersteller aus dieser Zeit.

Kersa-Teddy, 40 cm groß, hellbeiger Mohair, leicht bespielt, Ende der 1950er Jahre.

Das Kersa-Warenzeichen wurde bei Teddybären und Plüschtieren unter den Sohlen befestigt.

Anton Kiesewetter (Petz), Spielwarenfabrik, Neustadt bei Coburg

Anton Kiesewetter, 1887 geboren, war von Beruf Kunstschlosser. Sein Onkel mit gleichem Vornamen hatte seit 1884 eine Puppenfabrikation. Um 1917 lernte der junge Anton seine spätere Frau Ernestine kennen, die im elterlichen Puppenmacherbetrieb arbeitete. Zusammen begannen sie Anfang der 1920er Jahre mit der Fabrikation von Spielpuppen, Figuren und Teddybären. Die Firmierung lautete: „Anton

Teddy, 50 cm groß, goldgelber Kurzmohair, Fabrikat Anton Kiesewetter. Sammlerwert: 180–200 €.

Kiesewetter jr.". Nach dem Ersten Weltkrieg hatte die Firma Kiesewetter gute Verkaufserfolge. Auch nach dem Zweiten Weltkrieg ging
es wieder aufwärts. Ende der 1940er Jahre war die Firma Kiesewetter
auf der Nürnberger Spielwarenmesse mit guten Verkaufserfolgen ver-
treten. In diese Zeit fällt die unverwechselbare Kennzeichnung mit
einem milchglasfarbenen Knopf mit der Aufschrift „PETZ" an der
Brust der Teddybären und Plüschtiere. Durch die gute Qualität und
den weißen Glasknopf mit dem roten Namenszug erlangten die
PETZ-Teddybären Weltruf. Anton Kiesewetter erlebte noch den Bau
eines neuen Betriebsgebäudes, er starb 1955. Als Ernestine Kiesewetter aus dem Betrieb ausscheidet, übernimmt Sohn Gerhard die Firma.
Leider können Mitte der 1960er Jahre die erforderlichen Produktions-
maschinen aus Kostengründen nicht mehr erneuert werden. Gerhard
Kiesewetter schließt 1968 seinen Betrieb.

Der goldgelbe Petz

Der 50 cm große, goldgelbe Teddy aus Mohair, mit der gelben Seidenschleife, hat einen sehr massiven Oberkörper (Abbildungen S. 76, 77).
Er wirkt im oberen Bereich fast wie ein Dreieck. Die Schnauzenpartie
ist nicht ausrasiert. Seine Nasengarnierung ist sehr exakt von Hand
gestickt. Ein weiteres Merkmal, das typisch für Petz-Bären ist, sind die

*Gut sichtbar sind die in den Kopf ein-
gezogenen Ohren, ein Merkmal, an
dem Kiesewetterbären gut erkennbar
sind. Die beiden Kopfnähte verlaufen
sehr seitlich zu den Ohrmuscheln hin.*

Das Erkennungszeichen der Kiese-wetter-Bären an der linken Brustseite: ein runder Knopf aus weißem Milch-glas mit rotem Schriftzug „PETZ".

Seite 79:
Petz-Teddy, 50 cm groß, Artikel-Nr. 0/502, gewaschener Kunstseiden-plüsch, ehemals blassgelb, mit Waren-zeichen an der Brust. Ende 1940/ Anfang 1950, Fabrikat Anton Kiese-wetter. Sammlerwert: 200 – 250 €.

in den Kopf hineingezogenen Ohren. Auch bei der Augenanbringung wurden Sicherheitsvorschriften beachtet. Die braunen Glasaugen mit schwarzer Pupille und Glasstiel für die Befestigung im Kopf wurden nicht einfach nur in den Kopf der Bären eingesteckt, son-dern mit reißfester Schnur in den Kopf eingenäht. Danach erfolgte noch eine zusätzliche Befestigung mit einem speziellen Leim, der im Innern des Kopfes Glasaugenstift, Plüsch und Holzwolle fest mitein-ander verband.

Der „seidige Petz"

In den Verkaufskatalogen der Firma Kiesewetter ist ein Teddy unter der Serie 0-2, Artikel-Nr. 0/502 im Angebot. Die 0 steht für die Tier-gattung, in diesem Fall der Teddy, die beiden folgenden Ziffern 50 ste-hen für die Größe von 50 cm und die 2 für langfloriger Kunst-seidenplüsch oder Kunstseiden-Zottelplüsch. Unser Petz-Teddy hat noch sein Erkennungsmerkmal, das kleine weiße Glasknöpfchen mit der roten Schrift „Petz" an der Brust befestigt (siehe Abbildungen). Er ist aus einem „hausfarbenen" Kunstseiden-Zottelplüsch gefertigt. Unter der Bezeichnung „Hausfarbe" wurde für Petz-Bären ein gold-brauner Farbton entwickelt, der sogar seinen eingetragenen Ge-schmacksmusterschutz bekam. Der Farbton war besonders unemp-findlich gegen Verschmutzungen, wirkte nicht dunkel und kam bei den Kunden sehr gut an. Wird der Kunstseidenplüsch gewaschen, verliert er seinen ursprünglichen glatten Glanz, er wird stumpf und kräuselt sich. Im Augen- und Schnauzenbereich hat der Petz-Teddy etwas Plüschverlust, was seinen nostalgischen Charme aber eher unterstreicht. Der Teddy ist sehr fest mit Holzwolle gestopft, der Kör-per wirkt breit und massig. Im Innern befindet sich eine kräftige Brumm-Kippstimme. Die 20 bis 30 cm großen Teddys hatten Druck-stimmen und alle Bären ab 35 cm wurden mit Brummstimmen aus-gestattet. Die Augen sind aus braun-schwarzem, eingefärbtem Glas, Arme, Beine und Kopf sind angescheibt. Einfache, preiswertere Aus-führungen hatten einen starren angenähten Kopf, die Arme und Beine waren verdrahtet. Bei der besseren Ausführung waren Kopf und Glieder beweglich auf Scheiben gearbeitet. Große, mit Holzwolle ausgestopfte Ohren und zwei lange nach unten gezogene Mundfä-den geben diesem Petz einen eher herben und ernsten Ausdruck.

Der standfeste Petz

Alle markanten und zuvor beschriebenen PETZ-Original-Merkmale sind beim 50 cm großen goldgelben Teddy noch vorhanden (Abbil-dungen S. 80, 81). Er wurde aus langflorigem Mohairplüsch gefertigt. Die Handnaht befindet sich auf dem Rücken, er hat die für diese Größe übliche Kipp-Brummstimme. Voll beweglich ist er fünffach auf Schei-ben gearbeitet. Der an der linken Brusthälfte des Teddys noch vor-handene seltene Originale Glasknopf mit der roten Schrift lässt das

Petz-Teddybär, 50 cm, Artikel-Nr. 1/504, goldfarbener langfloriger Mohairplüsch.
In den Sohlen befinden sich Pappeinlagen, das gibt ein gutes Standvermögen. Gut erhaltene Petz-Teddybären aus den frühen 1950er Jahren sind selten zu finden. Sammlerwert: 350–450 ₰.

Herz eines jeden Teddysammlers höher schlagen. Der Teddy gehört zu dem Bärentyp, der eine extra andersflorige und andersfarbige eingesetzte spitze Schnauze hat. Hier ist es ein weißer Wollplüsch (im Lauf der Jahrzehnte etwas angestaubt), der auch für die Fußrücken verwendet wurde. In die Fußsohlen wurden dicke Pappscheiben eingearbeitet, das gibt dem Teddy ein gutes Standvermögen. Sohlen und Pfoten sind mit beigefarbenem Filz bezogen, jeweils drei dunkelbraun gestickte Krallen runden das Bild ab. Die Arme und Pfoten sind stark gebogen. Nase und Mund wurden mit dunkelbraunem dünnem Faden garniert. Die Augen sind aus gelb eingefärbtem Glas mit schwarzer Pupille. Ein weiteres Merkmal, das so typisch für Petz-Bären ist, sind die in den Kopf hineingezogenen Ohren. Plüschtiere

Ein Meisterwerk der Nasenstickkunst in Handarbeit.

links:
Die separat eingesetzte Schnauze und die Oberseiten der Füße sind aus weißem Wollmohair.
Die Arme sind lang und gebogen.

von Kiesewetter wurden auch mit einer Stoff-Fahne mit aufgedruckter oder eingestickter Artikelnummer versehen. Sie befindet sich meistens, falls nicht abgeschnitten oder herausgerissen, in einer Plüschnaht. Die wichtigsten Daten wurden bereits aus dieser Katalognummer ersichtlich. Die Ziffern vor dem Schrägstrich bezeichnen die Serie oder den Typ des Tieres. Die danach folgenden beiden Ziffern besagen die Größe/Länge in Zentimetern. Die Plüschqualität ist aus der letzten Ziffer ersichtlich. Kurzfloriger Kunstseidenplüsch trägt die Nummer „1", langfloriger Kunstseidenplüsch die „2", die „3"steht für kurzfloriger Mohairplüsch, die „4" für langfloriger Mohairplüsch, Edelplüsch hat die Nummer „5", langfloriger, gespitzter Mohairplüsch die „6" und Wollplüsch die „7". Der hier vorgestellte „PETZ" hat die Nummer 1/504 (Serie 1 mit angesetzter Schnauze und Stehfüßen, 50 cm groß, aus Mohair-Zottelplüsch/langflorigem Mohairplüsch). Verschiedentlich wurden in den frühen 1950er Jahren in die rechte Naht der Teddyarme weiße Fahnen mit blauer Schrift eingenäht. Die Aufschrift lautet: „Original Petz US-Zone Germany".

KIRMES-TEDDYS AUS NEUSTADT UND COBURG

Es gibt Teddytypen, die bei Sammlern nicht so beliebt sind. Dazu gehören bonbonfarbene Teddys in hellblau, rosa, pinkfarben, zitronengelb, orangerot, etc. Meistens sind es Billigbären, die vorwiegend in Not- und Kriegszeiten aus minderwertigem Kunstseidenplüsch gefertigt wurden. Dadurch waren die Kosten geringer und nur so waren niedrige Verkaufspreise zu realisieren. Nicht nur Spielwarengeschäfte profitierten vom Teddyboom, sondern auch das Schausteller-

rechts:
Zwei Teddys, 11 und 30 cm, aus dem Jahrmarkt- und Kirmes-Milieu der 1950er Jahre.
Unterschiedliche unbekannte Hersteller. Sammlerwerte: 25–30 € (11 cm), 40–60 € (30 cm).

unten:
Einfacher Teddy, 45 cm, aus Kunstseidenplüsch mit starrem Hals und der typischen Verdrahtung der Arme und Beine, 1940er Jahre. Sammlerwert: 40–60 €.

gewerbe auf Jahrmärkten und Volksfesten. Die Bezeichnung „Kirmes-Teddys" sagt nichts über ihre Firmenherkunft aus, sondern stuft diese Teddys eher als „Kitsch-Teddys" einer bestimmten Stilrichtung ein. Qualität stand nicht im Vordergrund, sondern Quantität. Die Proportionen des Körpers, der Arme und Beine waren sehr unausgewogen. Als Massenware wurden die Jahrmarktteddys nach einem Einheitsschnitt von den unterschiedlichsten Herstellern, Handwerksbetrieben und Heimarbeitern aus Kunstplüsch teilweise in Thüringen hergestellt. Die Hochburg aber war der Raum Neustadt und Coburg. Damals wurde an allem gespart. Statt Scheiben und Splinte für die Beweglichkeit der Glieder wurde ein dicker Draht durch den Teddykörper und die Gliedmaßen gebohrt. Das hatte zur Folge, dass sich jeweils die Arme und die Beine gleichzeitig bewegten, da sie ja miteinander verdrahtet waren. Der umgebogene Draht stand an den Oberarmen teilweise aus dem Plüsch heraus. Aus Mangel an guter Holzwolle wurden die Bären auch mit Stroh, Rosshaar oder sogar Seegras gestopft. Kirmes-Teddys können nur schwer einem bestimmten Hersteller zugeordnet werden. Viele große und erfolgreiche Plüschtierfirmen, die Qualitätsteddys herstellten, nahmen auch zusätzlich Billigbären, meist als Zukaufartikel, mit ins Programm auf.

Auch diese, von manchen Sammlern verschmähten Bären, haben ihre Daseinsberechtigung und sind sammelnswert. Sind sie doch Zeitzeugen einer Epoche, wo Teddybären zum Liebhaben wichtiger denn je waren, aber das Geld dafür eigentlich nicht vorhanden war.

MORITZ PAPPE, PUPPEN- UND SPIELZEUG-FABRIK, LIEGNITZ

1869 wird in Liegnitz, im damaligen Schlesien, die Firma Moritz Pappe unter der Firmierung „Liegnitzer Puppenfabrik" gegründet. Aus der Zeit bis Anfang des 20. Jahrhunderts sind keine Informationen über Verkaufsprogramme bekannt. 1907 veranlassen die Inhaber Arthur Pappe und Dr. Curt Pappe die Eintragung eines Warenzeichens für „Puppen und gestopfte Tiere". Um 1910 werden bereits Teddybären hergestellt. Ein Werbefoto um 1910 zeigt sie dekoriert zwischen Puppen und Plüschtieren. Ein Katalogblatt aus dieser Zeit weist auf Tiere mit fahrbaren Eisengestellen hin und auf Bären mit Überschlagmechanismus. Eintragungen über Gebrauchsmusterschutz wurden in den 1920er Jahren für einen Gelenk- und Fahrbär, einen weich gestopften Gelenkbärenkopf, Teddybären und einen Baby-Bär gemacht. Aus der Zeit Anfang der 1930er Jahre liegen Informationen über die Teddybären-Produktion vor. Sie werden aus Langmohair in den Farben blond, braun-weiß gespitzt und in dunkelbraun, in 10 Größen von 22 bis 70 cm gefertigt. Aus gespitztem Plüsch gibt es auch einen Clown-Bär und preiswerte Bären aus Kunstseidenplüsch.

Baby-Bär, 20 cm, gelber Plüsch, voll bewegliche, biegbare Arme, Anfang 1930er Jahre, Fabrikat Moritz Pappe. Sammlerwert: 700–800 €.

Der freundliche Baby-Bär mit der frechen Zunge

Sehr beliebt ist der Baby-Bär, er kommt 1928 ins Programm. Bekannt sind die Größen 20, 26, 33, 39 und 50 cm. Der Baby-Bär wurde aus gelbem und braunem sehr weichem Wollplüsch gefertigt. Die Stopfung war ebenfalls sehr weich und mollig, wodurch der Baby-Bär tapsig erschien. Die kleine rote Zunge und die lächelnd breite Mundgarnierung tragen dazu bei, dass der Gesichtsausdruck niedlich, kindlich aber auch freundlich wirkt. Die Nasengarnierung ist schwarz und längs gestickt, wobei die äußeren Fäden länger sind. Die vier gestickten Krallen verlaufen bis in die Pfoten und Sohlen aus Samt hinein. Wie lange die Firma Moritz Pappe produziert hat, ist nicht bekannt.

Die flachen breiten Füße geben ein gutes Standvermögen.

oben:
*„JOPI"– Musikbär, 38 cm, aus gold-
farbenem Langmohair. Anfang der
1930er Jahre. Die lange, spitze
Schnauze, der flache Hinterkopf und
der dicke Hals lassen das Profil etwas
eigenwillig erscheinen.*

rechts:
*Große, eng beieinander liegende
hintermalte Augen aus Glas mit
großen Pupillen verleihen diesem
„JOPI"- Musikbär aus goldfarbenem
Langmohair seinen charakteristischen
Gesichtsausdruck. Anfang der 1930er
Jahre. Sammlerwert: 1.900 – 2.300 €.*

Seite 87:
*Wäre er nicht ein reinrassiger „JOPI"-
Teddy, könnte hinter diesem Charak-
terbär ein Mischling von Jungbern-
hardiner und Hirtenhund vermutet
werden. Ende der 1920er Jahre sind
die braun-schwarz hintermalten
Glasaugen der mit Holzwolle gestopften Teddys noch kleiner. Er misst
40 cm und hat eine Kipp-Brummstimme. Sammlerwert: 1.000 – 1.200 €.*

Josef Pitrmann (Jopi), Nürnberger Stoffspielwaren-Industrie, Nürnberg

Bis Ende der 1980er Jahre war der Name Josef Pitrmann als Teddy-
und Plüschtierhersteller kaum bekannt. Josef Pitrmann, Jahrgang
1882, gründete 1910 in Nürnberg seine eigene Stofftier-Fabrik. Aus
den frühen Anfängen der Produktion existieren weder Unterlagen,
Informationen noch Exemplare von Teddybären und Plüschtieren.
Erst Anfang der 1920er Jahre taucht in der Firma Pitrmann das erste
Warenzeichen „JOPI" auf, das sich aus den jeweils ersten Buchstaben
des Vor- und Zunamens des Firmengründers zusammensetzt. Bis
Ende 1959 stellte die Firma Pitrmann noch ihr Plüschtierprogramm
auf der Nürnberger Spielwarenmesse vor, obwohl der Firmengrün-
der Josef Pitrmann bereits schon 1938 verstarb. Das Unternehmen
wurde von Ehefrau Maria, Jahrgang 1894, und Tochter Hilde weitergeführt. Maria Pitrmann starb 1956.
Eine Spezialität der Firma Pitrmann waren Tiere und Teddys mit
Musikwerk. Das eingebaute Musikwerk im Innern des Teddykörpers
lässt melodische Töne erklingen, sobald man durch festen Druck auf
den Bauch das Drückerwerk betätigt.
Hund oder Teddy? – fragt sich der Betrachter des braun gespitzten
Mohairteddys aus der Zeit Ende der 1920er Jahre. Die braun-schwarzen
hintermalten Glasaugen sind für einen Pitrmann Teddy relativ klein.
Beide Jopi Teddys sind mit Holzwolle gestopft, die Handnaht ist vorne am Bauch, sie haben jeweils 3 gestickte Krallen und die Nase ist
dunkelbraun, längs mit Randstich gestickt. Die verwendeten Plüsche
sind generell sehr hochwertig. Häufig wurde farbig gespitzter Mohair
verwendet. Die Kopfform ist sehr breit und die Ohren ziemlich groß
und flach aufgarniert. Meist haben die Jopi-Teddys relativ große Augen
mit großen Pupillen.

SCHREYER & CO (SCHUCO), SPIELWAREN-FABRIK, NÜRNBERG

Heinrich Müller, der Gründer der Firma Schuco, wurde 1887 geboren und arbeitete ab 1909 in der Nürnberger Spielzeugfirma Bing als Mustermacher. Schon früh machte er auf dem Gebiet der Feinmechanik zahlreiche Erfindungen, die er für Blechspielzeuge verwendete. Heinrich Müller und Heinrich Schreyer machten sich 1912 selbständig und gründeten die Firma Schreyer u. Co. Damals wurden noch keine Teddybären hergestellt, sondern Hüpf- und Tanztiere. 1921 erschien in der Deutschen Spielwarenzeitung eine Anzeige, dass unter dem Namen „Schuco" (Abkürzung Schreyer und Co.) erstmals eine epochemachende Neuheit den Spielwaren-Markt bereichern wird. Die Patentneuheit wurde auf der Leipziger Frühjahrsmesse vorgestellt. Durch eine einfache und sinnreiche Mechanik war es gelungen, den bisher leblosen Tierfiguren Leben einzuflössen (Abbildung S. 98). „Nicht nur ein flinker Affe, sogar ein Teddy-Bär wird durch Schuco belebt" – so lautete der Werbetext. „Wie ein lebendes Tier bewegen Tiere und Teddys den Kopf in der natürlichsten Art, geradeso als ob sie zu uns sprechen wollen!" Die frühen Bären wurden als „Schuco Patent-Bären" angeboten. Es gab sie überwiegend aus goldfarbenem Mohairplüsch. Sie waren auf Wunsch aber auch in gelb, braun und weiß in unterschiedlichen Größen bis 70 cm lieferbar. Die Patent-Bären mit Ja/Nein Schwanzmechanik, später „Tricky-Bären" genannt, waren sehr beliebt, sie wurden in unzähligen Varianten bis Mitte der 1970er Jahre produziert. 1976 geht die Firma Schuco in Konkurs. Bei einer Versteigerung der Konkursmasse 1977 geht ein Teil der Werkzeuge für Miniatur-Teddys an die Firma Karl Bär, Neustadt. Dort werden dann die kleinen Schuco Bärchen als Nachbildungen in Mohair und Webplüsch von Hand gefertigt.

Funkelnde Augen mit Brillantschliff

Einen messingfarbenen „Patent-Bären" gab es in den 1920er Jahren, der mittels eines kleinen Schwänzchens unterhalb des Rückens seinen Kopf zum Ja oder Nein bewegen konnte (Abbildungen S. 90, 91). Eine Besonderheit gab es Mitte der 1920er Jahre. Auf Wunsch des Kunden wurden bei einem Schuco Teddy, statt der üblichen braunschwarzen Glasaugen, besondere Funkelaugen eingebaut. Schuco ließ sich die Werbung dieses Neuartikels viel kosten. Oft erschienen Anzeigen, „… mit Brille, auf Wunsch mit Funkelaugen, Mohairplüsch …". – Kinder und Erwachsene waren begeistert. Es gab diesen Teddy in vielen Größen: 24, 28, 32, 35, 40, 45, 50, 55, 60, 70 und 80 cm in den Farben gold (messingfarben) und weiß. Die großen Größen waren aus langhaarigem Mohairplüsch gefertigt. Ein dreisprachiges Werbeblatt der Firma Schuco von 1926 weist in Großbuchstaben auf die Besonderheiten hin: „Neu! FUNKELAUGEN – Neu! – Novelty! SPARKLING EYES – Ojos BRILLANTES Novedad!" Der Mehrpreis für die

Seite 88:
Die bekannteste Form eines Schuco Yes-/No-Teddys aus den 1950er/60er Jahren in hellbeigefarbenem Mohair, 35 cm groß. Sammlerwert: 1.100 – 1.200 €.

oben:
Das sehr seltene Original-Auge aus Glas, mit dem Schliff eines Diamanten.
Der Außenrand aus bemaltem Blech ist hier etwas abgeblättert.
Je nach Lichteinfall in die glitzernden Augen erhält der Teddy einen anderen Gesichtsausdruck.

rechts:
Messingfarbener „Patent-Bär" von Schuco, mit Glitzeraugen, 28 cm groß, Mitte der 1920er Jahre, mit dickem Körperbau und kurzen Beinen.
Gut sichtbar ist das kleine Schwänzchen am Rücken des Teddys, mit der Kopf bewegt werden kann. Sammlerwert: 1.600 – 1.800 €.

Funkelaugen gegenüber üblicher Teddyaugen war gering. Die Augen funkelten bei Tageslicht, aber auch bei künstlichem Licht. Die Wirkung wurde durch einen kleinen, bernsteinfarbenen Glaskörper erzielt, der wie ein Diamant oder Brillant geschliffen wurde. Er bildet die Pupille, der äußere Augenrand besteht aus bemaltem Blech.

Schuco Bären mit schwarzen Knopfaugen sind aus den 1920er Jahren. Auch der Kopf- und Körperschnitt hat sich im Laufe der Jahrzehnte verändert. Im Gegensatz zu den späteren Schuco Bären mit breitem Kopf und großen Ohren hat dieser Bär mit den Funkelaugen einen im Verhältnis zum Körper kleinen Kopf, eine spitze, lange Nase und schmale, dünne Arme und Beine. Ein mit den Augen funkelnder Teddy im Originalzustand mit funktionierender Schwanzmechanik stellt eine große Rarität dar.

Die Kopfform unterscheidet sich sehr zum Modell von 1955. Die Ohren sind weit vorn am Kopf angebracht.

Der Fahrradlampen-Teddybär mit Schwanz-mechanik

Dieser Fahrradlampen-Teddy ist das einzige bisher bekannte Muster-stück aus dem Hause Schuco. In dieser hier gezeigten Ausführung gibt es keinen Katalogbeleg. Im Körperinnern hat der messingfarbene Mohairteddy einen Metallkörper, der bei dieser Teddygröße von 10 cm (Sitzhöhe) bei Schuco üblich war. Der Teddy sitzt auf einem Batterie-fach und hält eine kleine runde Lampe zwischen seinen Pfoten. Die batteriebetriebene Glühbirne wird durch das Drehen des seitlichen Rändelrades am Batteriegehäuse an- und ausgeschaltet. Dieser unbe-

Ein Fahrradlampen-Teddybär mit Patent-Mechanik beleuchtet seinem Besitzer den Radweg. Sitzgröße 10 cm, Anfang der 1930er Jahre, Fabrikat Schuco (bisher kein Katalogbeleg – Musterstück). Sammlerwert: 7.000-8.000 €.

spielte Fahrradlampen-Teddybär mit schwarzen Metallaugen ist aus der Zeit Anfang der 1930er Jahre und voll funktionsfähig. An der Rückseite des schwarzen Batteriegehäuses aus Blech, mit der Aufschrift „Charli", befindet sich noch die Klammer zur Befestigung am Fahrradlenker.

Der Teddy ist fest auf dem Batteriegehäuse befestigt, das die Glühbirne speist.

„Der Weisse" mit Schwanzmechanik

Weiße Teddybären sind nicht sehr häufig. Der 40 cm große Mohairteddy mit Halsmechanik ist Jahrgang 1928. Er ist mit Holzwolle gestopft, Pfoten und Sohlen sind aus beigefarbenem Filz. Die Augen sind aus braunem Glas mit schwarzer Pupille. Arme und Beine sind voll beweglich und der Kopf lässt sich über die beschriebene Schwanzmechanik bewegen. Die Nasengarnierung ist hellbraun, ebenso die jeweils vier gestickten Krallen an Pfoten und Füßen. Die Nase ist typisch für die frühen Schuco's, sehr spitz, und die sehr eng beieinander liegenden Augen verleihen diesem Teddy einen wunderbaren Ausdruck. Weiße Schuco Teddys aus dieser Zeit sind sehr selten.

Dieses Profil mit der spitzen Nase ist typisch für frühe Schuco-Teddybären.

Seite 94:
„Patent-Bär" von Schuco, 40 cm groß, weißer Mohair, 1928. Sammlerwert: 2.200 – 2.400 €.

„Schuco"-Bär „Tricky" 1950/60er Jahre

Die bekanntesten Teddybären mit Schwanzmechanik sind aus den 1950/60er Jahren. Wurden sie noch vor 1940 als Patent-Bären bezeichnet, so tauchte später der Begriff „Tricky" auf. Die rote, runde Marke mit der Aufschrift „Schuco TRICKY" wurde an der Teddybrust mit einem roten Faden befestigt. Sie gilt als Warenzeichen nach 1953 (Abbildung S. 99). Die Schuco-Werbung versprach: „Sämtliche Schuco-Tricky-Tiere können sitzen und stehen. Sie sind aus bestem Mohair-Qualitätsplüsch, mottensicher, weich gestopft, mit beweglichen Armen und Beinen. Sie haben naturgetreue Augen und eine Seidenschleife." Tricky-Bären wurden in den Farben affenbraun, haselnuß, blond, rot-braun, weiß, schwarz und grau produziert. Besonders hervorgehoben wird in der Werbung, dass Tricky durch Kopfnicken „Ja" sagen und nach oben und unten schauen kann, aber auch durch Kopfschütteln „Nein" sagt und den Kopf nach allen Richtungen umdreht. Sämtliche Kopfbewegungen kann Tricky miteinander verbinden und jeden Gegenstand mit den Blicken verfolgen.

Das holländische Mädchen von Schuco

Besonders beliebt sind Mitte der 1950er Jahre bekleidete Bären als Tiroler und Holländer. Sie werden auch als Paar hergestellt. Farbig bekleidete Bären werden bis Ende der 1960er Jahre produziert. Viele Sammler sind fasziniert, wenn sie alte Schuco Teddys in ihrer Original- kleidung mit Yes-No-Mechanik bekommen können.
Eine besondere Rarität ist ein Bärenmädchen in holländischer Kleidung. Es gab noch einen Holländerbub passend zum Mädchen, beide sind 22 cm groß. Niedlich ist die Kopfbedeckung des Mädchens, ein Häubchen. Es ist aus starkem, gepresstem, eierschalfarbenem Filz gearbeitet und am Hinterkopf leicht mit Faden angeheftet, damit die Ohren frei zu sehen sind. Auch die übrige Kleidung befindet sich im absolut unbespielten Originalzustand. Sie besteht aus einer rot/weiß gestreiften Bluse. Das Oberteil des Trägerrockes ist aus rotem Filz, das Unterteil aus blau/weiß kariertem Baumwollstoff. Aus dem gleichen Stoff ist auch das Schultertuch. Am Unterteil des Röckchens ist ein kleines weißes Schürzchen angenäht, auf dem noch eine kleine rote Tulpe, ebenfalls aus Filz, appliziert ist (was wäre Holland ohne Tulpen!). Die unter der Bekleidung verborgenen Körperteile, der Bauch, die Arme und Beine sind nicht aus Plüsch, sondern aus einem leinenartigen Stoff.

„Der Goldgelbe"

Einen besonders schönen und unbespielten goldgelben Mohairplüsch hat ein 55 cm großer Schuco Teddy von 1955 mit Yes/No-Mechanik. Er befindet sich in einem absolut unbespielten Zustand. Aufgrund der großen, flachen Füße, deren Fußsohlen mit einer starken Pappeinlage verstärkt sind, hat der Teddy ein sehr gutes selbständiges Standvermögen. Die Pfoten zeigen nach unten, und der Filzbezug der Pfoten ist nicht wie bei den meisten Teddybären oval, sondern eher eckig/breit. Dies ist eines der Merkmale, an denen ein Bärenanfangs-

unten:
*Was trägt ein Holländer Meisje unter ihrem Röckchen? – ein weißes Filz-böschen natürlich! Da es hier noch im Original vorhanden ist, macht es diese ohnehin seltene Sammlerrarität noch wertvoller.
An der Bauchmitte scheint die runde Druckbrummstimme durch den Rauhstoff hindurch: Der Bär ist fest mit Holzwolle gestopft.*

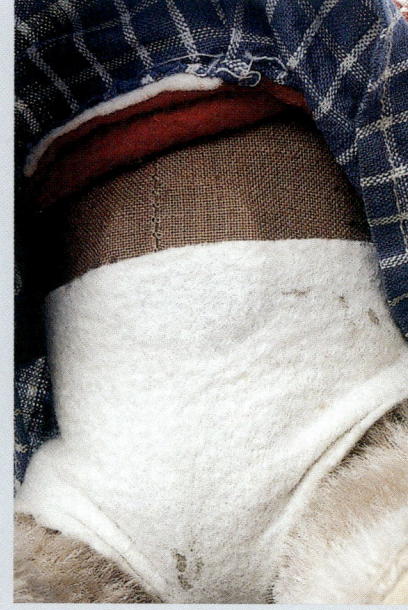

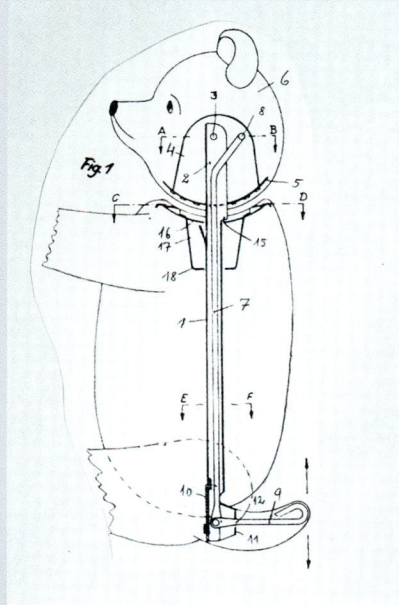

Schuco-TRICKY-Bär, 55 cm, mit einem herrlich treuen Bärenblick aus eng beieinander liegenden Augen. Unbespielter Originalzustand, Jahrgang 1955. Sammlerwert: 2.200 – 2.500 €.

So sieht der Mechanismus im Innern eines Schuco Yes-/No-Teddys aus.

sammler einen Schuco Teddy erkennen kann. Mit dem kleinen Schwänzchen auf der Rückseite lässt sich die Halsmechanik spielend leicht betätigen. Die braun hintermalten Glasaugen mit schwarzer Pupille schauen lustig und lebendig drein. Die Nasengarnierung ist sehr ebenmäßig, fast Steiff-ähnlich (siehe Abbildung oben). Dieser Teddy hat einen herrlichen Gesichtsausdruck.

„Tricky" macht Musik
Dieser große Tricky-Bär in 42 cm hat noch zusätzlich zur Schwanzmechanik ein gutes, 18-stimmiges Schweizer Marken-Musikwerk eingebaut (Abbildung S. 99). Die Aufziehvorrichtung schaut aus der Brust heraus. Es gibt auch Bären, bei denen befindet sich der Mechanismus auf dem Rücken. Leicht und einfach ist der Mechanismus auch für ein Kind zu handhaben. Die Spieldauer des Liedes beträgt ca. 3 Minuten.

Der Klassische „Tricky"
Sehr beliebt sind Teddybären aus hellbraunen Plüschen. Sie wurden gerne gekauft, denn die unempfindliche Plüschfarbe war gleichzeitig Tarnfarbe für Schmutz und Staub. In den gängigsten Größen von 35 und 42 cm waren sie auch noch für den Geldbeutel erschwinglich. Der 42 cm große Bergsteiger mit Rucksack (Kleidung nicht Original) ist fest mit Holzwolle gestopft. Sein kleines, hier sichtbares Schwänzchen am verlängerten Rücken, das ja zur Betätigung der Yes-No Mechanik dient, sieht sehr niedlich aus (Abbildung S. 88).

Ein Schuco-TRICKY-Bär, Artikel-Nr. 7060/42, schaut wie „Hans guck in die Luft". Seit 1956 gibt es ihn mit Kapok weich gestopft. Sammlerwert: 1.200 – 1.300 €.

Seite 99:
Schuco-TRICKY-Bär mit Musikwerk, 42 cm, 1950er Jahre. Der Metallring an der Brust betätigt den Aufziehmechanismus des Musikwerkes. Sammlerwert: 1.6000 – 1.800 €.

Der weichgestopfte „Tricky"

Die Körperform und der Gesichtsausdruck dieses klassischen Tricky-Teddys wurde über Jahrzehnte hinweg kaum verändert. Nur sein „Innenleben" bestand später nicht mehr aus Holzwolle, sondern er war mit weichem Kapok gestopft. Diese Füllung verändert das Aussehen und die Form des Teddys nur gering (Abbildung S. 100). Es gab ihn in den vier Größen 22, 35, 42 und 55 cm. Die rote Kunststoffplakette mit der Aufschrift „Tricky" war mit einer kleinen Seidenschleife an der linken Brustseite angenäht. Auf der Vorderseite ist zu lesen: „Schuco Tricky Patent ang." und auf der Rückseite: „D.B. Pat. ang. Int. Patents pending Made in US-Zone Germany". Made in US-Zone wäre zwar ein Hinweis, dass der Teddy Anfang der 1950er Jahre hergestellt wurde, Tatsache ist aber, dass genau diese Brustplaketten mit dieser Beschriftung bis in die 1960er Jahre Verwendung fanden.

Tricky hat trotz seiner weichen Kapokfüllung ein gutes Standvermögen. Genau wie sein hart mit Holzwolle gestopfter Bärenbruder mit dem Rucksack, hat er die runden, flachen Sohlen mit einer starken Pappeinlage, die ihn frei stehen lassen. Nur die Beine sind im Verhältnis etwas länger und dünner, der Kopf runder und die Nase hat einen stärkeren Knick.

Der Tricky-Teddy hat eine Druckstimme, braun-schwarze, hintermalte Glasaugen, jeweils 4 schwarz gestickte Krallen, Arme und Beine sind durch Scheibengelenke voll beweglich. Die Pfoten sind quadratisch, sie zeigen nach unten. Dies gibt dem Teddy einen leicht verspielten, tapsigen Ausdruck.

Besonders für Kinder war dieser weich gestopfte Teddy gut geeignet. Interessant ist, dass bei der Firma Steiff ebenfalls zu dieser Zeit Tiere und Bären weich gestopft wurden. Das Geburtsjahr des weich gestopften Cosy-Teddys von Steiff ist beispielsweise 1956. Wer nun in den 1950er Jahren zuerst mit der weichen Stopfung begann, Schuco, Steiff oder vielleicht auch andere Hersteller, lässt sich nicht mehr ermitteln. Was aber war der Anlass für eine Umstellung von harte auf weiche Stopfung? Wurden hier die Kundenwünsche berücksichtigt oder war es nur eine Zeiterscheinung?

Der Berliner „Tricky"

Es gab von Schuco nicht nur mit Kapok oder Holzwolle gestopfte Teddys mit der Yes-No Mechanik. Auch Bären mit Blechkörper, -kopf und –gliedmaßen, die mit Mohair oder Filz überzogen waren (Abbildungen S. 93, 102), wurden mit diesem Mechanismus ausgestattet. Der weiße Berlin-Bär mit seiner Stoff-Schärpe und seiner rot-goldenen Pappkrone wurde als Reiseandenken für Berlinbesucher in den 1960er Jahren produziert. Ohne Schärpe und Krone war dieser Teddy mit der Nummer 7014 ebenfalls im normalen Schuco Verkaufsprogramm. In dieser Größe von 14 cm gibt es schon in den 1950er Jahren außerdem die Farben haselnuss (entspricht caramel), blond (entspricht gelb), dunkelbraun und schwarz, sowie einen Pandabären. Außerdem gab es als Neuheit 1956 die Farben haselnuss, blond und weiß auch mit 3 verschiedenen Bekleidungen. Die Nase ist immer quer gestickt, die Arme und Beine sind voll beweglich. Diese

101

Berlin-Bär von Schuco, 14 cm, rein-weißer, unbespielter Kurzmohair, Originalausführung mit Bauch-schärpe und goldfarbener Krone aus geprägter Pappe, 1960er Jahre. Sammlerwert: 350 – 400 €.

Teddys haben keine Filzpfoten oder –sohlen und keine Krallen. Die braun-schwarzen hintermalten Glasaugen geben ihnen einen leben-digen Ausdruck.

Die Mini-Teddys in 7 und 9 cm Größe

Erwähnenswert und in Sammlerkreisen bekannt und beliebt sind die 7 und 9 cm kleinen Miniaturbären, die von den 1950er Jahren an bis in die 1970er Jahre hinein hergestellt wurden. Körper, Kopf und Gliedmaßen sind aus gestanzten und in Form geprägten Blechteilen, die mit Plüsch überzogen sind (Abbildung S. 103). Die Augen sind ebenfalls aus geprägtem und schwarz lackiertem Blech. Die Nase ist immer quer gestickt, die Arme und Beine sind voll beweglich. Diese Teddys haben keine Filzpfoten oder –sohlen und keine Krallen. Die 7 cm Größe wurde nach dem Schuco Konkurs von der Firma Karl Bär, Neustadt, mit vielerlei unterschiedlichen Plüschen weiter hergestellt.

Zwei winzige, nur 7 cm kleine Bärchen, mit ihren Mohair überzogenen Blechkörpern. 1950er Jahre. Sammlerwerte: 60–70 € (braun), 70–90 € (Panda).

Margarete Steiff GmbH, Spielwarenfabrik, Giengen

Margarete Steiff gilt als Begründerin einer Weltfirma. Sie ist 1847 geboren und wächst in Giengen an der Brenz/Württemberg auf. Mit anderthalb Jahren erkrankt sie an Kinderlähmung, ihre Beine bleiben ihr Leben lang gelähmt. Trotz allem erlernt sie das Nähen von Wäsche und Kleidern. Ab 1865 hilft Margarete ihrer Schwester Pauline in deren Putzgeschäft bei den Näharbeiten. 1868 eröffnet Margarete im elterlichen Haus ein eigenes Putz- und Kleidergeschäft. Nach einer Vorlage in einer Modezeitschrift fertigt sie als Nadelkissen einen kleinen Elefanten aus Filz. Um 1880 verkauft sie die ersten Exemplare als Kinderspielzeug. 1892 erscheint der erste Verkaufskatalog. Ein Jahr später erfolgt die Firmeneintragung. 1897 stellt Margarete Steiff erstmals ihre Spieltiere und Puppen auf der Leipziger Messe vor. Ab diesem Jahr bis 1927 treten nacheinander die sechs Neffen der Gründerin in die Firma ein. Produziert wird in neu erstellten großen Gebäuden. Einer der Neffen, Richard Steiff, gilt als Erfinder des Teddybären. Zeichnungen von lebenden Braunbären dienen ihm 1902 nach vielen Abänderungen als Grundschnitt für die Entwicklung einer bärenähnlichen Puppe. Sie hat bewegliche Glieder, steht aufrecht, ist kindgerecht ansprechend aus weichem Plüsch gestaltet. Die Steiff Firmenchronik besagt, dass nach anfänglichen Absatzschwierigkeiten bereits das Jahr 1907 mit einer produzierten Bärenmenge von fast 1. Million Stück zum „Bärenjahr" erklärt wurde. So wurden der Teddybär aber auch die Steiff-Tiere mit dem Knopf im Ohr weltberühmt. Margarete Steiff stirbt 1909. Das Werk wird von ihren fünf Neffen weitergeführt. Während des Zweiten Weltkrieges kann 1944 aufgrund des Rohstoffmangels nicht mehr produziert werden. Ab 1949 wird dann wieder ein bescheidenes Plüschtierprogramm entwickelt. Seit 1950 entsteht ein großer Tiergarten mit Plüschtieren und Teddybären. Das heutige Plüschtierangebot ist sehr umfangreich und wird in die ganze Welt verkauft.

Das aprikofarbene Leichtgewicht

Die ersten Teddybären waren noch etwas unförmig und schwer. Ein Leichtgewicht ist der aprikofarbene Teddy (Abbildung rechts), der um 1905/06 hergestellt wurde. Gestopft ist er mit einem Gemisch aus Scherwolle, Kapok und einem geringen Anteil Holzwolle. Dadurch fühlt er sich sehr weich an, und sein Gewicht beträgt nur 373 Gramm. Ein Teddy aus der Zeit um 1910 in gleicher Größe, aber fest mit Holzwolle gestopft, wiegt dagegen zwischen 550 – 600 Gramm. Das aprikofarbene Leichtgewicht ist stehend 40 cm und sitzend 28 cm groß. Es hat schwarze Schuhknopfaugen und eine mit rostfarbigem Filz unterlegte schwarze längs gestickte Nase. Dieser Teddy hat fünf Kral-

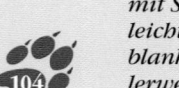

Seite 105:
Teddy, 40 cm, Mohair, überwiegend mit Scherwolle gestopft, daher sehr leicht, 5 Krallen, Schuhknopfaugen, blanker Knopf im Ohr, 1905, Sammlerwert 10.000 - 12.000 €.

len, was für Steiff-Teddys eher ungewöhnlich ist, da diese normalerweise vier Krallen haben. Die Ohren sind aufgarniert. Der Teddy hat einen blanken Knopf ohne Steiff-Schriftzug (rechts). Die Arme sind sehr lang und gebogen. Die Füße sind sehr lang. Der Teddy hat fast keinen Buckel. In diesem unbespielten Zustand ist der Teddy eine absolute Sammlerrarität. Das gleiche Teddymodell in weiß ist noch seltener.

Blanker Knopf im Ohr, wie er 1905 – 1909 verwendet wurde.

Teddy „Knopfauge"

Es scheint, als könnten Teddyaugen erzählen, besonders wenn es sich um so genannte Schuhknopfaugen handelt. Das ist bei dem Teddy

Ein Teddyprofil wie aus dem Bilderbuch: spitze Schnauze, schöne muschelförmige Ohren, die sehr seitlich angebracht sind. Der Mundfaden verläuft fast waagerecht nach hinten. Die Nasengarnierung ist Original von 1908.

Seite 106:
Ein Teddyblick, den man nicht so schnell vergisst und ein Teddykopf, wie er sein sollte. 40 cm groß, aus Mohair, mit Schuhknopfaugen und VK-Knopf von 1908, Sammlerwert 5.000 – 6000 €.

Sehr schöner und ausdrucksstarker Mittelnaht-Teddy, 50 cm, Mohair, Schuhknopfaugen. Deutlich sichtbar ist die Mittelnaht, die längs über Nase, Stirn und Kopf verläuft. VK-Knopf, 1908/10, Sammlerwert 6.000 – 7.000 €.

von 1908 der Fall (Abbildung S. 106). Diese Knöpfe waren mit einer kleinen Metallöse zum Annähen versehen. Anfangs waren sie aus Holz gearbeitet und mit Farbe überstrichen. Auch eine Masse aus Papier und Leim wurde zu Knöpfen geformt. Schwarz lackierte Schuhknopfaugen wurden für Plüschtiere ab ca. 1890 und für Teddybären ab 1903 bis ca. 1910 verwendet. Danach, bis in die 1920er Jahre, gab es schwarze Augen aus Glas. Die schwarz-braunen Glasaugen mit Pupille kamen ab 1910 zum Einsatz und wurden teilweise bis weit in die 1960er Jahre hinein verwendet. Ab Anfang der 1960er Jahre kam der Übergang zu Kunststoffaugen. Somit kann anhand der Augen das Alter eines Teddys bestimmt werden, vorausgesetzt es sind noch seine Originalaugen. Der hier dargestellte Bär hat noch seine Original Pfoten und Sohlen aus Wollfilz. Der messingfarbene Kurzmohair ist im Bestzustand. Die sehr seitlich muschelförmig am Kopf aufgarnierten kleinen Ohren tragen dazu bei, dass hier von einem Charakterkopf gesprochen werden kann. Die mit schwarzem Perlgarn gestickte Nasen- und Mundgarnierung ist Handarbeit. Die Arme des Teddys sind sehr lang, stark gebogen, seine Füße sind groß und schmal. Auch der so beliebte große Buckel ist vorhanden (Abbildung S. 107). Jeweils vier Krallen befinden sich an Pfoten und Füßen. Der Teddy ist mittels Pappscheiben und Splinten fünffach gegliedert und voll beweglich. Im Innern befindet sich Holzwolle. Fast wie ein Wunder ist es, dass bei diesem hoch betagten Teddy noch die Original Brumm-Kipp-Stimme deutlich im Bauch zu hören ist. Der alte Vorkriegsknopf mit Druckbuchstaben und Reste von weißer Fahne sind ebenfalls noch vorhanden.

Ein Teddy mit Mittelnaht

Ganz selten gibt es alte Steiff-Teddybären mit einer Mittelnaht im Gesicht, die senkrecht von der Kopfmitte bis zur Nase verläuft (Abbildung S. 108). Es war nicht eine spezielle Serie, die als Merkmal gezielt mit dieser Mittelnaht hergestellt wurde, sondern dies ergab sich bei der Produktion des ganz normalen Teddytyps. Es war die schwäbische Sparsamkeit ausschlaggebend. Damit es beim Ausschneiden der Teddyköpfe aus der Mohairplüschbahn keinen Stoffverlust gab, wurde die gesamte Stoffbahnbreite optimal genutzt. Da am Rand immer der Stoff für nur einen halben Kopf übrig blieb, wurden zwei Hälften zu einem Kopf verarbeitet. Dies ergab dann

Teddy, 75 cm, Mohair, schwarze Glasaugen, VK-Knopf, 1910, Sammlerwert 16.000–18.000 €.

109

eine Naht mitten durch das Gesicht des Teddys. Da beim Ausschneiden immer nach drei Teddyköpfen Stoff für einen halben Teddykopf übrig war, kann man davon ausgehen, dass jeder siebte Teddy mit einer Mittelnaht gefertigt wurde. Dies wurde aber nur in der Zeit zwischen 1908 und 1926 so gemacht. Alle anderen Teddymodelle von Steiff mit Mittelnaht, wie z.B. der Petsy, wurden vom Schnitt her gezielt so entworfen.

Der schwarze Trauerbär

Als vor einigen Jahren einer der ersten Steiff-Teddys aus schwarzem Mohair auf einer Auktion auftauchte, wusste erst niemand so richtig, wofür, wann und weshalb Steiff einen schwarzen Teddy hergestellt hat. Recherchen ergaben, dass um 1912 in Giengen Bestellungen aus England eingingen, die einen Schwarzbär orderten. Damals konnte sich niemand im Steiff-Werk erklären, warum Schwarzbären in England gefragt waren. Steiff orderte 1912 beim altbewährten Plüschlieferanten, der Weberei Reinhard Schulte in Duisburg, schwarzen Plüsch. Die Auftragsannahme dort war skeptisch und vorsichtig. Könnte es sich um ein Versehen oder einen Scherz handeln? Die Rückfrage aus Duisburg in Giengen lüftete das Geheimnis. Steiff hatte eine Bestellung aus England über ca. 600 schwarze Teddybären in verschie-

Einer der seltensten Teddybären der Welt, der Schwarzbär, in Originalausführung. Der Fertigungsanlass in Giengen war der Untergang der Titanic. 35 cm, Mohair, Schuhknopfaugen, kleiner VK-Knopf mit Resten von weißer Fahne. Es wurden 1912 in der Größe 35 cm nur 139 Stück gefertigt. Sammlerwert 20.000 – 25.000 €.

denen Größen vorliegen. Der Grund, dass Schwarzbären gefragt waren, war nicht ein Modegag, sondern eher ein sehr trauriger Anlass. Am 14.April 1912 stieß das britische Passagierschiff „Titanic" auf hoher See mit einem Eisberg zusammen. Über 1.500 Passagiere kamen dabei ums Leben. Fasst jede bekannte Londoner Familie hatte ein Familienmitglied oder einen Verwandten bei diesem tragischen Unglück verloren. Ganz England trauerte und bringt dies in allen möglichen und unmöglichen Situationen zum Ausdruck. Schon bald sitzt in jeder Londoner Schaufensterauslage ein schwarzer Teddy. Der alte Schwarzbär von Steiff in einem guten Zustand zählt zu den meist gesuchten Raritäten auf dem Teddy-Sammlermarkt.

Klassische Teddytypen 1920 und 1930

Sehr ausgeprägt sind bei Teddybären der frühen 1920er Jahre die Nase bzw. die Schnauze. Typisch für Teddys aus dieser Zeit sind auch die weit außen am Kopf aufgarnierten Ohren. Sehr große Teddybären in 65 cm Größe haben sehr lange Arme, der Pfotenbereich ist sehr breit und stark gebogen (Abbildung S. 113). Der Teddyschnitt der großen Bären um 1930 ist schon etwas verändert (Abbildung S. 119). Der Körperbau ist nicht mehr so schlank geschnitten und der Tatzenbereich nicht so stark gebogen wie bei Teddybären der 1920er Jahre.

Tief eingezogene schwarze Schuhknopfaugen lassen den Teddy ernst drein sehen. Schön in ihrem Originalzustand ist die Nasen- und Mundgarnierung mit lachsfarbenem Perlgarn. Typisch für die Zeit um 1910 sind die sehr seitlich außen am Kopf aufgarnierten Ohren.

Teddy (Richard-Steiff-Typ), 65 cm, graues Mohair, braun-schwarze Glasaugen, VK-Knopf, 1912, Sammlerwert 9.000 – 11.000 €.

Seite 113:
Ein verliebtes Teddypaar tanzt in den Mai. Beide sind 65 cm und haben braun-schwarze Glasaugen. „Sie" ist aus weißem und „Er" aus messingfarbenem Mohair. VK-Knopf, 1922. Sammlerwert 9.000 – 11.000 € (weiß) bzw. 7.000 – 9.000 € (messingfarben).

Steiff „Urteddy 96/9320" mit Uhrwerk

Vom Urteddy kann mit Sicherheit behauptet werden, dass er einer der seltensten Bären der Welt ist. Nur wenige Sammler hatten bisher die Möglichkeit, diese Rarität in Aktion zu sehen. Wer ihn aber je in voller Mobilität sah, vergißt ihn sicher nicht mehr. Bisher sind nur zwei Exemplare bekannt geworden. 1926 wird der Urteddy im Verkaufskatalog der Firma Steiff als lustiges Uhrwerktier beschrieben. Es ist solide hergestellt und wird durch ein aufziehbares Uhrwerk beweglich. Die Lenkung lässt sich in drei Richtungen einstellen. Das Gehäuse ist fein lackiert, das Spielzeug wurde in einem Karton aus-

geliefert. Der Urteddy war nur 3 Jahre im Angebot. In dieser Zeit wurden noch nicht einmal 2.000 Stück gefertigt. Dass bisher keine weiteren dieser Aufziehbären gesichtet wurden, liegt sicher daran, dass das Aufziehwerk nicht ganz unproblematisch für Kinderhände zu handhaben war. Der eigentliche Unterbau, auf dem die Figur sitzt, wurde aus sehr dickem Blech gefertigt, eine Überdrehung des Mechanismus konnte jedoch nicht ausgeschlossen werden.

Der Typ des Urteddys entspricht dem Schnitt eines Original Steiff-Teddys der 1920er Jahre. Sein kurzfloriger Mohairplüsch ist messingfarben. Die Augen sind aus braun hintermaltem Glas mit schwarzer Pupille. Die Nasengarnierung verläuft quer und ist mit schwarzem Perlgarn gestickt. Die Mundfäden sind lang und seitlich nach außen gezogen, was dem Teddy zwar einen ernsten, aber auch sehr charaktervollen Ausdruck verleiht. An den Pfoten sind jeweils vier Krallen mit schwarzem Faden gestickt. Im Nasenbereich ist der Mohair gekürzt. Im linken Ohr befindet sich der alte Steiff-Knopf mit Druckbuchstaben und heruntergezogenem „f". Unter dem Knopf schauen Reste der weißen Ohrfahne hervor. Dieser Urteddy befindet sich in einem absolut schönen Originalzustand und ist eine Sammlerrarität ersten Grades.

„Gleich geht's los!" – nur noch mit dem feststeckenden Schlüssel an der linken Seite des Blechgehäuses den Mechanismus aufziehen und schon radelt der Urteddy los. *„Vor und zurück – vor und zurück …!"* Im Gleichschritt machen Arme und Beine Ruderbewegungen.

Seite 114:
Urteddy auf einem aufziehbaren Fahrwerk aus Metall mit vier Holzrädern. 20 cm groß, 1926. Einer der seltensten Teddybären der Welt, der nur in geringen Stückzahlen hergestellt wurde.
Sammlerwert 40.000 – 45.000 €.

Ein Teddy als Clown

Clowns faszinieren von jeher die Kinder. Teddyclowns sind farben-
froh, lustig und verwandelbar. Ein Teddy als Clown, der „Steiff Teddyclown" kommt 1926 ins Verkaufsprogramm. Es gibt ihn insgesamt in
15 Größen: stehend gemessen mit Druckbrummstimme in 22, 25, 30,
32 und 35 cm; mit automatischer Brummstimme in 40, 47, 50, 60 70
und als riesengroßen Teddyclown in 115 cm. Der hier vorgestellte
Teddyclown hat einen braun gespitzten Mohairplüsch, der etwas aus-
geblichen wirkt. Auf dem Kopf ist noch der Original cremefarbene Filz-
hut mit Pompons aus Wolle befestigt, den Hals ziert eine Rüsche.
Weitere Ausführungen dieses Teddyclowns gibt es in rosa und gelb.

*Teddyclown, 30 cm, braun gespitzter
Mohair, braun-schwarze Glasaugen,
mit Original Halskrause und Hut.
VK-Knopf, 1926, Sammlerwert
9.000 – 11.000 €.*

Seite 117:
*Teddy „Petsy", 30 cm, mit Musik-
drückerwerk, braun gespitzter
Mohair, blau-schwarze Glasaugen,
mit Holzwolle und Kapok gestopft,
VK-Knopf, 1928. Extrem selten, da nur
in geringen Stückzahlen hergestellt.
Sammlerwert 25.000 – 30.000 €.*

„Petsy" macht Musik

Ende der 1920er Jahre waren Teddys und Tiere mit Musikwerk der große Renner. Sie wurden Kindern zur Beruhigung und als Einschlafhilfe mit ins Bett gegeben. Im Steiff Hauptkatalog 1929 ist unter der Rubrik Musik-Tiere zu lesen: „Original Steiff Tiere mit bestem Schweizer Musikwerk, das bei fortwährendem Drücken und Loslassen ein Lied spielt. Größter Wert wird auf nicht spürbare Unterbringung des Werkes gelegt." Extrem rar sind aus dieser Zeit Teddybären mit Musikwerk. Eine der größten Raritäten überhaupt dürfte der gegliederte „Petsy" aus braun gespitztem Mohairplüsch sein. 1929 wird er in zwei Größen angeboten. Petsy hat blaue Glasaugen mit schwarzer Pupille, Nase und Mund sind mit rosa Fäden garniert. In den Ohren ist Draht eingearbeitet. Das Musikwerk wird durch seitliches Drücken und Loslassen rechts und links unter den Armen betätigt. Die Sohlen und Tatzen sind aus hellbeigefarbenem Filz. Jeweils 4 Krallen sind aufgarniert. Über den Kopf verläuft von der Nase bis zum Nacken eine Mittelnaht. Am Hinterkopf befindet sich unterhalb der Ohren eine Quernaht. Die Handnaht ist vorn am Bauch. Petsy misst sitzend 22 cm und stehend 30 cm. Der Körperbau ist schmal, die Arme sind gebogen. Der Teddy ist mit einem Gemisch aus Holzwolle und Kapok nicht sehr fest gestopft. Sein Gewicht beträgt exakt 229 Gramm. Um 1931 wurden Steiff-Musiktiere aus dem Verkaufsprogramm genom-

„Petsy" hat eine Mittelnaht auf dem Kopf, die Ohren sind durch eine Drahteinlage gut und beständig geformt. Typisch ist die ursprünglich rote, hier etwas verblasste rosa Nasen- und Mundgarnierung.

118

men. Erst in den 1950er Jahren wurden wieder andere Teddy-Modelle
mit Musikwerk abgeboten.

Der lächelnde „Dicky"

Ab 1930 gibt es einen neuen Teddytyp in blondem und weißem
Mohair. Sein Markenzeichen ist sein freundliches Gesicht, das im
Profil gut sichtbar wird (Abbildung S. 120), sein Name ist „Dicky". Es
gibt ihn mit bedruckten Pfoten und Sohlen aus Samt, aber auch mit
unbedruckten aus Filz. Der blonde Dicky hat eine maisfarbene, separat eingesetzte Schnauzenpartie, die Nase ist schwarz gestickt (Abbildung S. 120), beim weißen Dicky ist sie mit hellbraunem Faden garniert.

Teddy-Baby mit geschlossenem Mund

Richard Steiff hatte die Idee, einen lebendig und lieblich aussehen-
den Teddy zu kreieren. Er sollte lachen und tapsig aussehen. Ende der
1920er Jahre entstanden die unterschiedlichsten Prototypen, bis um
1929 die ersten unbeholfen herumstehenden Bären das Werk verlas-
sen konnten. Die Vielfalt dieser speziellen Teddy-Gruppe ist sehr
groß. Eines der seltensten Teddy-Babys ist die Ausführung mit geschlossenem Mund. Das abgebildete Teddy-Baby stammt von 1930/31
(Abbildung S. 121), es ist 38 cm groß und aus maisfarbenem, lang
gelocktem Mohair. Es befindet sich in einem unbespielten Originalzustand. Pfoten und Sohlen sind aus bestem Wollfilz. In den Sohlen
befindet sich eine dicke Pappeinlage. Dadurch kann der Teddy sehr
gut stehen. Die Nasen- und Mundgarnierung ist aus schwarzem Garn.
Am Ende des Mundfadens sind die Mundwinkel mit brauner Farbe
aufgespritzt und nach hinten und oben verstärkt betont. Dadurch

*„Sie liebt mich – sie liebt mich nicht –
sie …!" – die Blütenblätter der Marge-
ritenblume werden es beweisen.
„Er", ist aus braunem Mohair von
1928, „Sie" aus gelbem Mohair von
1935. Beide sind 50 cm groß und
haben die typische Steiff-Teddyform
der 1920/1930er Jahre. Sammlerwert
5.000 – 6.000 € (Er), 4.000 – 5.000 €
(Sie).*

oben:
„Dicky" hat eine eingesetzte Schnauze.
Der aufgespritzte fröhliche Mund ist
typisch für diesen Teddy.

rechts:
Teddy „Dicky", 30 cm, blonder Mohair,
braun-schwarze Glasaugen, VK-
Knopf, 1936, Sammlerwert
4.000 – 4.500 €.

Seite 121:
Ein traumhaft schönes und bestens
erhaltenes Teddy-Baby mit geschlosse-
nem Mund. 38 cm, maisfarbener
Mohair, 1930. In diesem Erhaltungs-
zustand mit VK-Knopf, lesbarer roter
Fahne und Halsmarke extrem selten.
Sammlerwert 60.000 – 70.000 €.

erhält das Teddy-Baby einen freundlich lächelnden Gesichtsausdruck. Trotz seiner Holzwollfüllung fühlt sich dieser Bär sehr weich, leicht und kuschelig an. Er wiegt 474 Gramm, was bei seiner Größe von 38 cm sehr wenig ist. Die Halsmarke ist mit dem alten Bärenkopf versehen, die Aufschrift „Teddy-Baby D.R.P.a." ist braun. Die rote Ohrfahne befindet sich im absoluten Bestzustand, ist gut lesbar und trägt die Artikel-Nr. 6328,2 mit der Aufschrift „Steiff Original geschützt – Made in Germany" (Abbildung S. 123).

Teddy-Babys in den lieferbaren Farben der 1930er Jahre. Maisfarben, 38 cm, 1939, Sammlerwert 2.500 – 3.000 €. Braun, 25 cm, 1933, Sammlerwert 1.400 – 1.600 €. Weiß, 35 cm, 1931, Sammlerwert 4.000 – 4.500 €.

Teddy-Baby mit offenem Mund

In den Steiff-Verkaufskatalogen der 1930er Jahre lautet die Beschreibung für diesen neuen Bärentyp: „Teddy Baby, gegliedert. Mohairplüsch mais, weiß oder dunkelbraun. Modell eines sprechend-lebenswahren drolligen Jungbären, freundliches Gesicht, steht aufrecht oder sitzt nach Wunsch." Besonders beliebt bei Sammlern sind die Ausführungen mit dem offenen Mund. Sie wurden bis Ende der 1950er Jahre produziert (Abbildung S. 122). Unter Sammlern sind besonders die kleinen Größen mit ihren Samtfüßchen sehr begehrt. In die Fußsohlen aller Teddybabys wurde dicke Pappe eingearbeitet, um den Bär frei hinstellen zu können.

VK-Knopf und rote Ohrfahne vom Teddy-Baby mit geschlossenem Mund, 38 cm, 1930.

Das Schnappglieder-Teddy-Baby (Prototyp)

Eine wahre Funktionsvielfalt bietet das nicht in Serie gegangene Schnappglieder-Teddy-Baby. Er hat eine Halsmechanik, bei der durch Drehen am Schwänzchen sich der Kopf rundum dreht. Die Arme sind gescheibt und die Beine lassen sich über einen Scharniermechanismus klappen, so dass der Teddy sitzen kann. Ist der Teddy in sitzender Stellung und man berührt die Beine leicht, so schnappen diese ganz schnell wieder in die stehende Ausgangsposition zurück. Der Teddy hat eine Kopfform wie ein Teddybaby. Allerdings ist im Unterkiefer ein Scharnier eingebaut, so dass man den Mund des Teddys weit aufreißen und wieder schließen kann. Der Teddy hat für Steiff völlig untypische Pfoten und Sohlen aus Samt. Die Bärenhand hat drei angedeutete Finger und einen separat beweglichen Daumen. Eigenartig ist die Sohlenform mit separatem großem Zeh und die in der Fußsohle innen liegende Metallplatte. Es gibt nur wenige Prototypen dieses in den 1930er Jahre versuchsweise gefertigten Teddys. Er ist somit extrem selten und von fast unschätzbarem Wert (Abbildung S. 124).

Der „Überschläger"

Als die ersten Steiffbären purzeln lernten, schrieb man das Jahr 1908. Ein Jahr später werden sie erstmals in einem Katalog-Beiblatt vorgestellt. Wir stellen die spätere Generation eines Steiff-Purzelbären vor (Abbildung S. 126). In der abgebildeten Version wurde er nur 1934/35 produziert und gilt in diesem unbespielten Zustand mit funktionsfähigem Mechanismus als äußerst seltener Steiff-Teddybär. Da er nur sehr kurz im Verkaufsprogramm war, wurden nur etwas über 500 dieser Bären verkauft. Sitzend misst der Teddy 23 cm und stehend 30 cm. Er wurde aus goldgelbem Mohair gefertigt und ist fest mit Holzwolle gestopft. Eine Stimme ist nicht vorhanden. Die Augen sind aus braunem hintermaltem Glas mit schwarzer Pupille. Die Nase ist mit schwarzem Garn quer gestickt. Die Pfoten und Sohlen sind aus beigefarbenem Filz und mit jeweils vier schwarz gestickten Krallen verse-

hen. Im linken Ohr befindet sich der Steiff Vorkriegsknopf mit Druckbuchstaben, darunter schauen Reste einer roten Fahne hervor. Der
Teddy ist 5-fach gegliedert, wobei die Arme über ein Uhrwerk beweglich werden. Der rechte Arm dient sozusagen als Aufziehschlüssel,
wenn man ihn nach hinten dreht. Ist der Arm bis zum Anschlag aufgezogen, wird der Teddy in sitzender Haltung auf die Erde gesetzt.
Beide Arme zeigen gleichmäßig nach unten. Lässt man ihn nun los,
fängt er nach vorne an zu purzeln (Abbildung S. 127). Wenn dieser alte
Plüschveteran sich sehr kraftvoll und vital überschlägt, sieht man
ihm seine vielen Jahrzehnte, die er auf seinem Bärenbuckel hat, wirk-
lich nicht an.

Ungewöhnliche Teddyform mit Schwänzchen zur Steuerung der Halsmechanik. Beine mit Schnappglieder-Mechanismus. Die Bärenhand hat drei angedeutete Finger und einen dicken Daumen.

Der Empfindliche aus Wollplüsch

Der Großteil der alten Plüschtiere und Teddybären wurde von Steiff aus Mohair hergestellt. In den 1930er Jahren gab es allerdings auch Teddybären und Tiere aus reinem Wollplüsch. Er galt neben Kunstseidenplüsch als Ersatz für Mohair. Zwar war er weich, fasste sich aber stumpf an und glänzte nicht. Der Wollplüschteddy Jahrgang 1939 befindet sich in einem sehr guten Zustand (Abbildung S. 128). Die Pfoten und Sohlen sind original, ebenso die Nasen- und Krallengarnierung. An den Pfoten befinden sich jeweils 4 aufgestickte Krallen. Im linken Ohr sind noch der Vorkriegsknopf mit heruntergezogenem „f" und die Reste der gelben Ohrfahne vorhanden. Besonders der

*Überschlagbär, auch Purzelbär ge-
nannt. Mit Uhrwerk zum Aufziehen
der Arme, 30 cm, goldgelber Mohair,
braun-schwarze Glasaugen, VK-Knopf,
nur 1934/35. Extrem selten. Im funktionsfähigen und Original Zustand
hat er einen Sammlerwert von
10.000 – 12.000 €.*

große Charakterkopf spricht Bände. Die Nasengarnierung ist original,
der treue Blick aus schwarz-braunen Glasaugen ist wunderbar. Die
Ohren sind sehr seitlich aufgarniert. Auch seine Größe ist eindrucks-
voll. Dem Teddy lag der bekannte Vorkriegsschnitt zugrunde: lange
gebogene Arme, spitze Schnauze und Buckel.

Seidenplüschteddy mit Schuhknopfaugen?

Bei Franz, er heißt so wie sein früherer Besitzer, passen einige Dinge,
was sein verarbeitetes Material und das Zubehör betrifft, nicht so
ganz zusammen. Er ist aus zitronengelbem Kunstseidenplüsch, hat

schwarze Schuhknopfaugen, eine beigefarbene Papierfahne und einen so genannten Vorkriegsknopf im linken Ohr (Abbildung S. 131). Es ist bekannt, dass Schuhknopfaugen (siehe Teddy Knopfauge), das Privileg der frühen Steiff-Teddys bis ca. 1910 war. Ehemals weiße Papierfahnen (1908–1925) sind nach vielen Jahrzehnten oft vergilbt, und Druckbuchstaben-Knöpfe im Ohr wurden ab 1905 angebracht. Wenn wir diese Kriterien betrachten, könnte es sich bei Franz eigentlich nur um einen frühen Teddy handeln. Aber da ist noch der Plüsch, und der passt nicht in die Zeiteinstufung. Diese Art Kunstseidenplüsch taucht bei Steiff erstmals in den Katalogen der 1930er Jahre auf. Franz befindet sich im Originalzustand, ungewaschen und sehr seidig glänzend (Abbildung S. 130). Mit ihm wurde nie gespielt, die Ohrfahne ist

nicht vergilbt. Die Druckstimme im Bauch ist noch intakt, die Handnaht befindet sich vorn auf der Brust, Pfoten und Sohlen sind mit
Originalfilz bezogen. Die Nase ist mit braunem Garn quer gestickt,
Mund- und Krallengarnierung ist ebenfalls braun. Üblich war jedoch
bei Steiff, dass gelbe Teddys mit schwarzem Garn garniert wurden.
Unsere Recherchen ergaben, dass es sich bei Franz um eine Produktion der Nachkriegszeit um 1946 handelt. Da in dieser Zeit hochwer-
tiges Material und Zubehör jeglicher Art knapp oder zeitweise nicht
zu bekommen war, wurde mit den vorhandenen Teilen produziert.
Der Teddy bekam die Schuhknopfaugen aus alten Lagerbeständen,
ebenso wurde der Prägestempel mit dem Vorkriegsschriftzug für den
Knopf im Ohr verwendet. So konnte das Geheimnis gelüftet werden,
warum Franz eigentlich streng genommen bei der Einstufung seiner
Augen, des Knopfes und der Ohrfahne als viel älter hätte einge-
schätzt werden müssen, als er tatsächlich ist.

Teddyli und Schlenkerteddyli

Steiff Filz-Puppen waren um 1910 sehr gefragt. Eine Symbiose aus
Steiff-Tier und Puppe führte Ende der 1920er Jahre zu einer Neuent-
wicklung, die Steiff als Tier-Puppen bezeichnete. Diese sind aufrecht
stehende und bekleidete Tiere. Im Original Steiff-Katalog aus der Zeit
Anfang der 1930er Jahre sind die Tiere und Bären mit puppenähn-
lichen Körpern und ihre Bekleidung genau beschrieben: „Tier-Puppen
– weicher Körper, Schlenkerarme, gut stehende Beine, Plüschkopf,
drollige Kleidung in 7 verschiedenen Ausführungen". Großer
Beliebtheit erfreute sich die Tier-Puppe, ein Bärenmädchen, das die
Verwandtschaft zu den beliebten Teddy-Babys nicht verleugnen kann
(siehe Teddy-Babys). Es wird unter der Bezeichnung „Teddyli" (Mädchen) nur fünf Jahre von 1951 – 1955 angeboten. Der Kopf ist aus
maisfarbenem Wollplüsch, das offene Mündchen ist aus Filz, die eingesetzte Schnauzenpartie ist aus weißem Wollplüsch, ebenso Hand-
und Fußrücken. Teddyli ist 25 cm groß. Die Nasengarnierung ist mit
braunem Garn gestickt und noch Original. Die Augen sind aus braunem, hintermalten Glas mit schwarzer Pupille. Das kleine Schlenkerteddyli diente in den 1940er Jahren den etwas temperamentvollen
Kindern als Werfpuppe. Sie ist aus dunkelbraunem Kunstseidenplüsch, der Körper ist sehr weich gestopft und nicht stehfähig. Das
Aussehen gleicht ebenfalls den Teddy-Babys. Anfang der 1960er Jahre
bietet Steiff keine Puppbären mehr an.

Seite 128:
*Typische Teddyform Ende der 1930er
Jahre, 50 cm, aprikofarbener Woll-
plüsch, braun-schwarze Glasaugen,
VK-Knopf, 1939, Sammlerwert
4.000 – 5.000 €.*

*Teddy, 30 cm, glänzender zitronengelber Kunstseidenplüsch, 1946,
Sammlerwert 3.000–4.000 €.*

„Original-Teddy" – nicht nur ein Markenbegriff

Ein Generationswechsel kündigte sich um 1951 an. Der Vorkriegs-
teddy bekommt einen neuen Schnitt. Der Begriff „Original-Teddy"
bzw. der Eigenname „Original-Teddy" erscheint aufgedruckt auf den
Halsmarken erst ab Mitte der 1950er Jahre (Abbildung S. 133). Es handelt sich hier um eine eigene und individuelle Bezeichnung, die eben
nur für diesen ganz speziellen Teddytyp verwendet wurde. In den
Steiff-Katalogen der 1950er Jahre wurde dieser Teddybär zunächst als
„Teddy" angeboten. Beschrieben wurde er als „der Original Teddy-
Bär". Die Stopfung der Original-Teddys der 1950er/1960er Jahre wurde
grundsätzlich mit Holzwolle vorgenommen. Waren die Mohairfarben
des normalen Teddys in den 1930er Jahren weiß, blond oder dunkelbraun, so lauteten die Farbbezeichnungen in den 1950er Jahren dann
weiß, gold, caramel oder dunkelbraun.

Dunkelbraune Teddybären im exzellenten Zustand, wie der hier vorgestellte (Abbildung S. 134), und vor allem in der großen Größe von
65 cm sind eher selten. Der Teddy hat keine flachen Stehfüße, sondern
sie sind oval und rund gearbeitet. Die Sohlen und Pfoten sind mit Filz
bezogen. Trotz seiner etwas kleinen Augen ist der Gesichtsausdruck
des Teddys sehr schön.

Gut sichtbar ist hier der alufarbene
VK-Knopf mit beigefarbener Papier-
fahne. Der Teddy hat die für diese Zeit
ungewöhnlichen aber originalen
Schuhknopfaugen aus Restbeständen
von 1910.

Links:
*Teddyli (Mädchen), 22 cm, maisfar-
bener Wollplüsch, Original Kleidung,
1951–1955. Sammlerwert 3.000 €.*
Rechts:
*Schlenkerteddyli, 25 cm, Original-
ausführung, 1946. Sammlerwert
1.200 €.*

„Original-Teddy – der neue Typ"

Beim „Original-Teddy" gibt es ab 1966 einen Modellwechsel. Ein markantes Erkennungsmerkmal ist der kürzere Mohair im Schnauzen-Augenbereich. Hier wird auch vom „Ausrasierten" oder vom „Eulen- oder Maskenbär" gesprochen. Bis 1968 gibt es ihn noch mit Holzwolle gestopft, danach wird er dann mit weichem Stopfmaterial gefüllt. Er wird in den Farben honig (beige) und caramel (hellbraun) (Abbildung S. 137), jeweils in den Größen 19, 26, 36, 41, 51 und 66 cm angeboten.

Pandas – nicht nur in der Natur selten

Panda-Bären aus Plüsch sind, egal um welches Fabrikat es sich handelt, nicht sehr häufig. Der hier gezeigte hat einen offenen Filzmund, der original sehr stark rot gezeichnet ist. Die Konturen des Mundes sind schwarz umrandet (Abbildung S. 135). Die Pfoten und Sohlen sind ebenfalls aus Filz. Der Panda ist fünffach gegliedert und hart mit Holzwolle gestopft. Die Ohren, Schultern, Arme, Beine und der Halsbereich sind aus schwarzem Mohair, Gesicht, Hinterkopf, Bauch und Rücken sind aus weißem Mohair. Auf dem runden Kopf sitzen die verhältnismäßig kleinen Ohren ziemlich eng beieinander. Die Nase ist mit schwarzem Perlgarn quer gestickt. Der Panda befindet sich in einem ladenneuen Zustand mit Halsmarke, Knopf und Ohrfahne.

oben:
Nase des 65 cm großen Steiff Original Teddybären von 1958. Sie ist mit schwarzem Perlgarn in Längsrichtung gestickt.

rechts:
Steiff Original Teddybär 1958, 65 cm, dunkelbrauner Mohair, unbespielt. Sammlerwert 2.000 – 2.500 €.

Seite 135:
Pandabär, 22 cm, weiß-schwarzer Mohair, braun-schwarze Glasaugen, mit Knopf, Fahne und Halsmarke, 1955. Sammlerwert 1.000 – 1.200 €.

„Zotty", der beliebteste weich gestopfte Nachkriegsteddy von Steiff.
Links: *22 cm, rotbrauner gespitzter Mohair, Mitte der 1960er Jahre, Sammlerwert 120 €.*
Mitte:
35 cm, weißer Mohair, nur 1961/62, daher extrem selten, Sammlerwert 1.500 – 1.700 €.
Rechts:
18 cm, grau-braun gespitzter Mohair, 1968. Alle drei sind unbespielt und mit dem für Steiff-Zottys typischen hellen Brusteinsatz. Sammlerwert 100 – 120 €.

Der Liebling „Zotty"

Zottys kamen 1951 in das Verkaufsprogramm der Firma Steiff. Der Standard Zotty ist aus langem, lockigem, braun bis grau gespitztem Mohair. Diese Ausführung gab es bis 1978. Kein Zotty gleicht dem anderen. Der Zotty ist auch noch heute einer der beliebtesten Teddybären der Nachkriegszeit. Da er sehr lange im Verkaufsprogramm war, ist er nicht selten. Anders sieht es bei dem weißen Zotty aus. Da er nur 1961/62 gefertigt wurde, ist er im unbespielten, reinweißen Zustand extrem selten.

Steiff Original Teddy, 41 cm, honig-farbener Mohair, braun-schwarze Glasaugen, Knopf, Fahne und Hals-marke. Dieses Teddymodell gibt es seit 1966. Es hat eine eingesetzte Schnau-zenpartie aus Kurzmohair. Sammler-wert 250–350 €.

THÜRINGER TEDDYS/VEB-PRODUKTE, RAUM SONNEBERG/THÜRINGEN

Thüringen und speziell der Raum Sonneberg waren schon seit Jahrhunderten eine Hochburg der Spielzeugindustrie. Einen weiteren großen Impuls gab es in dieser Gegend im Zuge des Teddybärenbooms ab 1907. Thüringer Hersteller, wie Blechschmidt, Crämer (EDUCA), Diem, Hali, Harmus, Henze & Steinhäuser (Henza), Hermann (BEHA, MAHE-

Typischer Teddy aus dem Raum Sonneberg/Thüringen, 65 cm, Kunstseidenplüsch, 1950er Jahre. Ursprünglich war der Teddy am Körper und an den Armen bekleidet, deshalb ist dort der Plüsch noch goldgelb. Der Kopf und die Beine sind nachgedunkelt. Unbekannter Hersteller. Sammlerwert: 200–250 €.

Seite 139:
Zwei Teddys aus dem Raum Sonneberg/Thüringen, unbekannte Hersteller, 1950/60er Jahre. Links: 30 cm, brauner Kunstseidenplüsch, Schnauzenbereich, Ohrinnenseiten und Oberseiten der Füße aus goldfarbenem kurzem Seidenplüsch. Rechts: 35 cm, blauer Mohair, Schnauzenbereich hellblauer Wollplüsch, offener roter Filzmund. Unbekannte Hersteller. Sammlerwerte: je 180–200 €.

Webplüsch-Teddy, weich gestopft,
38 cm, Sohlen, Pfoten und eingesetzter
Nasenbereich aus beigefarbenem
Kurzmohair, schwarze Kunststoffau-
gen. Fabrikat VEB Gehren, Thüringen.
1960/70 er Jahre. Sammlerwert:
80 – 100 €.

SO, Joh. Hermann Nachf.), Leven, Martin und Müller & Heublein gehörten vor 1945 zu den renommierten deutschen Plüschtierfirmen.

Der Zweite Weltkrieg und seine Auswirkungen in den Jahren danach brachte den Menschen in Thüringen Leid, Arbeitslosigkeit und Existenzangst. Davon betroffen waren auch die Betriebe der Plüschspielzeughersteller. Als die Grenze immer dichter wurde und sich der sozialistisch geprägte Machtwechsel mit einer wahrscheinlichen Verstaatlichung privater Betriebe anzeigte, wagten Ende der 1940er/ Anfang der 1950er Jahre viele Besitzer klein- und mittelständiger Betriebe Zug um Zug eine Verlegung ihrer Aktivitäten und sofern überhaupt möglich, auch die Verlegung ihrer Produktionsstätten in den westlichen Teil Deutschlands. Die Plüschtierhersteller, die die Entwicklung früh genug erkannt hatten, konnten noch viele Dinge mit in den Westen nehmen, andere aber mussten alles zurücklassen. In der sowjetischen Besatzungszone wurden viele Spielzeugbetriebe geschlossen oder verstaatlicht. Die Besitzer wurden enteignet, ihre Unterlagen, Waren, Materialien etc. bildeten den Grundstock für die Gründung der Volkseigenen Betriebe (VEB) oder Produktionsgenossenschaften wie Sonni, Plüti oder VEB Gehren. Wenn man sich das Sortiment dieser VEB's anschaut, so findet sich dort ein Abbild und Sammelsurium der Teddys der Hersteller der gesamten Region Thüringen. Viele Teddyschnitte und -formen, die in den 1930er Jahren zum Beispiel von einer der in Sonneberg ansässigen Hermann-Firmen hergestellt wurden, sind in sehr ähnlicher Form in den VEB-Katalogen der 1960er Jahre enthalten. Hier wurden die Schnitte der enteigneten Firmen also einfach kopiert. Typisch für viele Thüringer Teddys aus der Nachkriegszeit ist, dass die Plüsche nicht so hochwertig waren. In den 1970er Jahren gibt es dann sehr viele Teddys mit überproportional großem Kopf. Das Sammelgebiet der typischen Thüringer Teddys halten wir für sehr interessant, zumal dieses Genre auch noch einigermaßen preislich erschwinglich ist.

Original Warenzeichen der Firma VEB Gehren/Thüringen.

WILLY WEIERSMÜLLER GMBH, STOFFTIER-FABRIK, NÜRNBERG

Über die Gründerjahre der Firma Weiersmüller in Nürnberg ist nichts bekannt. Die ersten Verkaufskataloge erschienen um 1922. Wahrscheinlich wurde nach 1945 nicht mehr produziert. In den 1920/30er Jahren wurden Puppen und Stoffspielwaren gefertigt. In Katalogblättern aus dieser Zeit verblüfft die Vielfalt der Plüschteddybären in weiß, gold, braun, lila, orange und grün. Sie haben eine Brummstimme und sind stehend gemessen 40, 45, 49, 60, 72 und 85 cm groß. Gerade diese großen Bären haben eine sehr große Ähnlichkeit zum Fabrikat Bing und sind nur sehr schwer davon zu unterscheiden.

Der Babybär

Ein sehr ausdrucksstarker Teddy aus der Zeit Ende der 1930er Jahre. Er wird fälschlicherweise häufig der Fa. Schuco zugeordnet. 16 cm groß ist dieser Babybär aus caramelfarbenem Mohair. Im Schnauzenbereich ist der Mohair sehr kurz. Die Nase ist mit schwarzem Faden quer gestickt. Die dicke Pappeinlage in den Fußsohlen gibt diesem Teddy ein gutes Standvermögen. Die Pfoten und Sohlen sind mit beigefarbenem Filz bezogen. An Pfoten und Füßchen sind jeweils drei Krallen mit schwarzem Garn gestickt. Die Ähnlichkeit der Teddys von Weiersmüller mit Teddys von Bing und Schuco lässt vermuten, dass die Modelle und Schnitte untereinander kopiert wurden, da alle drei Firmen ihren Sitz in Nürnberg hatten.

Seite 142:
Teddy, 60 cm, messingfarbener Kurzmohair, sehr ausdrucksstark, um 1925. Sammlerwert: 2.500–3.000 €.

Links:
Der gesamte Körper des großen Weiersmüller-Teddys der 1920er Jahre ist wohlproportioniert. Der Rücken hat einen großen Buckel. Der Nasenbereich ist großzügig ausrasiert (Original).

Mitte:
Typ eines Babybären, 16 cm, Ende der 1930er Jahre. Sammlerwert: 400–600 €.

Rechts:
Der Babybär kann mit seinen flachen, großen Füßchen gut stehen.

SCHLUSSWORT

Sehr häufig wurde in diesem Buch das Wort „Teddybär" verwendet. Vor einiger Zeit wurde das Ergebnis einer Umfrage bekannt, die lautete: „Was gehört außer Gesundheit, Arbeit, Geld, Glück und Zufriedenheit zu den wichtigsten Bedürfnissen des Menschen?" – Antwort: „Der Teddybär!" „Wer kommt in den Augen eines Kindes gleich nach der Mutter?" – der Teddybär!

Woher aber kommt der Name Teddybär? Erstmals wird in den 1950er Jahren eine Version erzählt, die besagt, dass bei der Namenstaufe des Plüsch-Bären der amerikanische Präsident Theodore (Teddy) Roosevelt Pate stand. Allerdings gibt es in der Familienchronik der Roosevelts keinerlei Hinweise, dass aus dem Vornamen ihres Vorfahren „Theodore" und aus dem Steiffschen „Bär" der Name Teddybär entstanden ist. Fest stehen soll aber, dass der Begriff „Teddy" erstmals zwischen 1905 und 1907 geprägt worden sei. Bei Steiff wird er erstmals 1908 erwähnt. Ein Steiff-Prospekt für die Leipziger Messe enthält die Aussage, dass die Glieder-Bären, die unter dem Namen „Teddy-Bären" weltberühmt wurden, die alleinige Erfindung der Firma Steiff sind. Auch die Geschichte, dass sich auf der Hochzeitstafel der Tochter von Theodore Roosevelt viele kleine Steiff-Teddybären getummelt haben sollen, ist zu schön um wahr zu sein.

„Auf Wiedersehen – bis zum 101. Geburtstag des Teddybären", ruft dieser 75 cm große Steiff-Teddy allen Bärenliebhabern zu. Er ist 1912 geboren und geht mit seinem Steiff-Blechtretauto aus den 1930er Jahren auf große Fahrt.